张新民 著

四维
读财报

看懂中国公司

Financial
Statement
Analysis

机械工业出版社
CHINA MACHINE PRESS

图书在版编目（CIP）数据

四维读财报：看懂中国公司 / 张新民著 . -- 北京：
机械工业出版社，2025.7（2025.10 重印）. -- ISBN 978-7-111-78396-1
Ⅰ . F279.246
中国国家版本馆 CIP 数据核字第 2025YR5369 号

机械工业出版社（北京市百万庄大街 22 号　邮政编码 100037）
策划编辑：华　蕾　　　　　　　　　责任编辑：华　蕾　闫广文　冯小妹
责任校对：甘慧彤　王小童　景　飞　责任印制：刘　媛
三河市宏达印刷有限公司印刷
2025 年 10 月第 1 版第 2 次印刷
170mm×230mm・20 印张・1 插页・238 千字
标准书号：ISBN 978-7-111-78396-1
定价：89.00 元

电话服务　　　　　　　　网络服务
客服电话：010-88361066　　机　工　官　网：www.cmpbook.com
　　　　　010-88379833　　机　工　官　博：weibo.com/cmp1952
　　　　　010-68326294　　金　书　网：www.golden-book.com
封底无防伪标均为盗版　机工教育服务网：www.cmpedu.com

前　言

　　本书是一部分专题讨论企业财报分析核心内容的通俗读物。

　　如果你是一个关注中国企业财报信息披露的人，你一定会发现，中国的企业会计准则自 1993 年 7 月 1 日开始施行以来，一直处于动态调整之中。资本市场监管机构也不断调整对包括财务报表在内的上市公司信息披露的要求。

　　如何对不断变化的中国企业财务报表进行分析，就成了必须解决的问题。

　　到哪里去找答案呢？

　　企业会计准则和资本市场信息披露相关规定本身不会提供财报分析方法。

　　能到美国教材中去找吗？

　　还真有不少人去找。

但是，美国教材中的杜邦分析体系和哈佛分析框架重点提供了财务比率分析方法，而且是以美国资本市场为基础的。这些方法不会也不可能结合中国实际，更不可能为中国人提供动态的基于中国企业会计准则和资本市场信息披露要求的财报分析方法。

中国企业财报分析问题，还是要由中国人自己来解决。

我从1994年5月开始研究中国企业财报分析问题。

到现在，我基于中国企业财报信息披露的特点，已经形成了一个完整的分析框架——战略视角财报分析框架。这个框架，被我国著名会计学家、财务学家——中国人民大学王化成教授命名为"张氏财报分析框架"。

这个分析框架，因具有理论体系的创新性、方法体系的完备性、现实应用的实用性而广受理论界和实务界的欢迎。

过去一段时间以来，我以该分析框架为基础出版过不同版本的财报分析方面的书。这些书的侧重点各有不同，有的是教材，有的是通俗读物。

应该说，上述出版物的出版极大提升了学习者的财报分析能力。

但是，很多读者由于各种原因希望我将该分析框架的核心内容进一步提炼，出版一部内容精、案例新的简明财报分析书。

为满足广大读者的需要，我对战略视角财报分析框架的核心内容进行了提炼，并融入大量鲜活案例，形成本书。

本书分4篇，从战略、竞争力、价值、风险与前景四个方面对企业财报分析方法进行讨论，书中融入大量读者熟悉的上市公司的案例，案例中的资料全部来源于上市公司公开发布的年报。在行文方面，我尽量用通俗的语言，以减少读者在学习过程中的困难。

需要说明的是：对本书的学习，是需要一定基础的。这个基础，既有财务管理、会计学方面的，也有企业管理方面的。具备任何一个方面的基础，对本书的学习都会顺利得多。

为了提升聚焦度，本书没有讲解入门级内容，而是直接展开对企业财报的分析。入门级的内容，读者可以通过网络或其他专业书去学习。

在本书完成之际，我要特别感谢我国著名管理学家、上海交通大学安泰经济与管理学院老院长王方华教授。王方华教授对我原创的战略视角财报分析框架予以高度评价，多次鼓励我坚持下去，为中国管理学自主知识体系建设做出应有贡献。同时，王方华教授希望我能够在机械工业出版社出版相关的书，在更多的读者中分享我的研究成果。正是王方华教授的多次鼓励和督促，本书才得以顺利完成。

我还要感谢机械工业出版社的岳占仁、华蕾、闫广文三位老师。在此书的酝酿过程中，三位老师与我多次交流，共同确定写作风格和主体内容。此书的完成，也凝聚了三位老师的智慧。

希望广大读者通过学习本书，能提升财报分析能力。

由于作者水平所限，书中错误在所难免。恳请广大读者批评指正。

张新民

2024 年 11 月

目 录

前 言

第1篇 企业战略无处不在

第1章 母公司报表与合并报表：战略发起与战略执行结果　　2
　　母公司资产：战略的发起端　　4
　　合并资产：战略执行的阶段性成果　　15

第2章 合并资产负债表：战略聚焦　　18
　　合并资产的两个聚焦　　18
　　美的集团与格力电器的合并资产结构分析　　25

第3章 合并资产负债表：战略执行的手段——并购　　29
　　拥有子公司的两个基本途径：设立和并购　　29
　　美的集团2017年并购库卡　　30

	并购与可持续发展	36
第 4 章	**合并利润表：企业卖什么，卖给谁**	39
	格力电器的业务结构与战略	39
	美的集团的业务结构与战略	42
	雅戈尔的业务结构与战略	43
第 5 章	**合并现金流量表：企业怎样为未来发展进行战略准备**	49
	爱美客的投资行为分析	49
	中芯国际的投资行为分析	54
第 6 章	**合并现金流量表：企业是怎样"搞钱"的**	60
	企业现金流的主要产生途径与战略内涵	60
	爱美客与中芯国际的融资行为分析	68

第 2 篇　企业的竞争力在哪里

第 7 章	**合并利润表：从业务结构、市场地位看竞争力**	72
	业务结构、营业收入与毛利率	74
	格力电器与美的集团的竞争力对比（2022 年、2023 年）	77
第 8 章	**合并利润表：业务凭什么盈利**	82
	支撑业务盈利能力的主要因素	82
	恒瑞医药和复星医药的盈利性分析	85

第 9 章	合并利润表：从营业利润的"三支柱、两搅局"	
	看竞争力	93
	营业利润的"营业"与营业收入的"营业"内涵	
	并不相同	93
	营业利润的"三支柱、两搅局"	96

第 10 章	合并利润表：从经营资产与非经营资产的获利能力	
	看竞争力	106
	经营资产和非经营资产的获利能力	106
	复星医药的强项是经营还是并购	111

第 11 章	合并利润表：从核心利润的获现能力看竞争力	117
	盈利与赚钱是两回事儿	117
	中芯国际和吉林敖东的盈利能力与赚钱能力分析	122

第 12 章	从经营性营运资本管理看竞争力	127
	对流动资产与流动负债重新分类	128
	经营性营运资本的管理策略	136

第 3 篇　企业并购与估值

第 13 章	并购：快速发展的双刃剑	148
	并购的财务效应	148
	并购带来的隐忧	150

第 14 章	估值：你怎么看企业的未来	162
	买产品与买股权，标准不同	162
	产品或服务定价与企业估值，逻辑也不同	164

第 15 章　商誉高低与企业风险　　175
商誉越高，未来减值压力越大　　175
商誉低，不一定意味着风险小　　184

第 16 章　同一控制下的企业并购：要钱还是要命　　190
同一控制下的企业并购与非同一控制下的企业并购　　190
从辅仁药业的退市看同一控制下的企业并购风险　　192

第 17 章　怎样看待收购对价的高低　　206
短期持有股权的交易价值考量　　207
长期持有股权的交易价值考量　　210

第 18 章　收购对价的底线在哪里　　218
收购方以收购前自身的投资回报率为评估基准　　219
收购方对子公司的治理和管理，决定了收购后的
投资回报率　　224

第 4 篇　企业风险识别与前景展望

第 19 章　资产负债率与企业风险　　230
几个上市公司资产负债率的惊人"巧合"　　230
从负债结构看企业竞争力与风险　　232

第 20 章　账上的钱太多，也有风险　　251
企业获取现金的途径　　251
现金大规模长期闲置与企业风险　　252

第 21 章　产能过剩与企业风险　　263
什么是产能过剩　　264

		产能过剩的财务表现	265
第 22 章		**资产的结构性盈利能力与企业风险**	274
		经营资产与非经营资产获利能力低分别反映的风险	275
		歌华有线的资产结构性盈利能力分析	280
第 23 章		**异常捐赠与企业风险**	288
		贵州茅台未实施的捐赠	289
		雅戈尔未实施的捐赠	292
第 24 章		**企业前景展望**	298
		从营业收入结构的变化，看企业的未来	299
		发展战略选择与财务可持续：并购或内生发展	301
		通过融资进行并购	306

第 1 篇

企业战略无处不在

2024年8月，机械工业出版社出版了吴卫军、郭蓉翻译的斯坦福大学杰斯珀·B.索伦森教授与格伦·R.卡罗尔教授合著的《战略论证：企业如何寻找可持续的竞争优势》。在对该书的推荐语中，泰康保险集团创始人、董事长兼首席执行官陈东升指出：战略决定一切，所有的业务发展都要围绕战略，所有的资源分配都要服从战略。

那么，企业战略在财报信息上是怎样反映的呢？财报信息支持企业自称的战略吗？怎么发现隐藏在财报中的战略信息呢？

在本书的第1篇，我就给你揭示企业财报信息与企业战略之间的关系。

第 1 章　母公司报表与合并报表

战略发起与战略执行结果

　　打开上市公司的财报，你会发现在企业的基本财务报表中，出现了母公司报表与合并报表——中国采用了同时披露两套报表的模式。正是这种披露模式，让无数试图在美国老师那里找到中国企业财报分析方法的人产生了困惑：美国老师没说母公司报表与合并报表在运用财务比率分析的时候有什么不一样呀！当然了，美国老师主要关注美国企业披露的财报信息的分析问题，人家没义务回答中国资本市场披露的企业财报的分析方法问题。

　　你如果要问大学里面讲授高级财务会计的老师："母公司报表与合并报表有什么区别？"他一般会告诉你："母公司报表是母公司自己的报表，合并报表是把母公司报表和子公司报表结合在一起，剔除母子公司之间的内部交易后编制出来的反映母公司控制的企业集团整体财务状况等方面情况的报表。"你如果继续问："那为什么要编制合并报表呢？"老师会继续答："因为会计准则和资本市场信息披露的规范性要求，也因为母公司的投资者想知道投资后整个集团整体的财务状况等信息，所以要编制。"

你如果继续问："母公司报表与合并报表在分析的时候有什么不一样呢？"到这个时候，很多老师就可能回答不上来了。

我现在要告诉你的是：母公司报表与合并报表在分析方法方面的差异这个问题我已经解决了。解决的突破口不是你可能已经学过的财务比率分析，而是战略分析。

> 可以这样说：正是同时披露母公司报表与合并报表的模式，让我们对企业财报中的战略信息能够进行系统性认知。

一谈战略，你马上感觉这是高大上的事；一谈财务报表，你可能感觉这是细微、具体的事。但实际上，企业战略再高大上，也需要资源尤其是财务资源来支撑。失去财务资源支撑的战略就是空话。而支撑战略的财务资源、企业战略选择与战略实施成效方面的信息，都包含在财务报表中。正是看上去细微、具体的财报数据，反映了企业的战略与运行方向。

你现在要做的，就是跟随我对企业财报中的战略信息进行挖掘。

关注中国资本市场的朋友一定注意到了，主打空调的格力电器与主打家电的美的集团的发展在2020年后出现了分化：格力电器的营业收入虽然在不断增长，但增幅不大，至2023年营业收入仅为2,050亿元；美的集团的营业收入则大踏步往前冲，至2023年营业收入已为3,700多亿元。在盈利方面，美的集团在2023年实现的合并净利润为337亿元，而格力电器则实现合并净利润277亿元。

通过简单的数据比较，你会发现：格力电器虽然在营业收入上远远不及美的集团，但内在的盈利能力仍然是很强的。

但另一方面，在资本市场上，格力电器与美的集团在市值上的差异则越来越大。显然，资本市场对美的集团的发展前景更有信心。

原本发展旗鼓相当的两家企业，为什么近年来在产品市场和资本市场两个方面的差距越来越大呢？

可以这样讲：正是两家公司的战略选择在极大地影响着双方的发展。

母公司资产：战略的发起端

想想看，你曾经学习过的会计课程中，企业资产是怎样分类的？

你一定记得，资产按照流动性分成两类：一类叫流动资产，另一类叫非流动资产。

我想问的问题是：按照这样的资产分类去看企业母公司资产，你能看到战略吗？答案是：很难。

为什么想到对母公司资产进行战略视角的考察呢？道理很简单：正是母公司的对外控制性投资才形成了子公司，也才有了合并报表。而企业的对外控制性投资，就是战略布局的一种表现。

当然，母公司的战略布局还可能有其他表现，如直接开展特定行业的经营活动，为经营活动购建固定资产、无形资产等。

因此，站在母公司立场来看，其资产的结构安排至少可以显示出不同的战略选择：第一，自己不从事或不主要从事产品或服务的经营活动，而是通过投资设立子公司或者收购其他企业，让子公司、孙公司等企业开展具体的经营活动，母公司主要进行投资管理活动；第二，母公司直接开展经营活动，根据需要适度进行对外投资活动。

因此，从战略的角度对母公司的资产进行分类，可以分成**不具有战略属性的资产**和**具有战略属性的资产**。

1. 不具有战略属性的资产

不具有战略属性的资产是指母公司的货币资金以及流动资产中不具有战略含义的各项交易性金融资产、各项短期投资和债权投资。

> 强调一下：货币资金本身并不属于战略性应用，而属于战略的后备资源。这就是说，钱放在那里没有战略意义，动钱就可能具有战略意义。各项交易性金融资产和各项短期投资，从本质上来说，企业持有它们就不具有什么长期意义，而只是为了短时间的增值，因此，母公司流动资产中的上述各项资产是不具有战略属性的资产。
>
> 此外，企业的债权投资也不具有很强的战略属性，一般可以归于不具有战略属性的资产。

2. 具有战略属性的资产与两个发展战略

具有战略属性的资产，是指母公司资产中与经营活动或长期投资活动有关的资产项目。这些资产项目要么与母公司自身的经营活动有关，要么与企业长期发展，设立子公司、孙公司或进行收购有关。这些项目包括长期股权投资、其他权益工具投资、其他非流动金融资产等项目。

需要注意的是，子公司在建立后，可能需要母公司对其提供流动资金支持。这时候，母公司就可能通过其他应收款、一年内到期的非流动资产、其他流动资产、债权投资、其他非流动资产等项目向子公司提供资金。母公司一旦通过这些项目对子公司进行资金支持，这些项目往往会表现出母公司报表数据大、合并报表数据小的对应关系。你可以很容易把这种情况分析出来。

> 总结一下，母公司具有战略属性的资产包括两部分：一部分是与经营活动有关的**经营资产**，包括应收票据、应收账款、应收款项融资、预付款项、存货、合同资产、固定资产、在建工程、生产性生物资产、无形资产、开发支出等项目；另一部分是与对外扩张有关的**投资资产**，包括长期股权投资、其他权益工具投资、其他非流动金融资产等项目，以及母公司通过其他应收款、一年内到期的非流动资产、其他流动资产、债权投资、其他非流动资产等项目向子公司提供的资金。

这样，我们就可以对母公司确立的发展战略做出判断：如果母公司具有战略属性的资产中经营资产占主导地位，我们就认为它采取的是**经营主导的发展战略**；如果母公司具有战略属性的资产中投资资产占主导地位，我们就认为它采取的是**投资主导的发展战略**。

3. 两个发展战略的深刻内涵

你可能会问，识别出母公司确立或采取的发展战略有什么意义吗？我要告诉你，意义极其重大。

（1）经营主导的发展战略

采用经营主导的发展战略的母公司，往往具有较为完备的研发、生产、销售的经营体系，能够向市场提供具有一定竞争力和盈利能力的产品或者服务。其市场竞争力和盈利能力往往在营业收入的成长性以及企业产品或服务的毛利率等方面表现出来。

正是由于母公司自身具有较强的产品或服务的市场能力,母公司在对外投资的时候往往受到束缚而迈不开步子。母公司非常容易想这样的问题:这个对外投资跟我现在的产品或服务是什么关系?能提升我的综合盈利能力吗?

因此,母公司采用经营主导的发展战略的企业,很容易出现对外投资格局小、步伐慢,整个集团发展缓慢的特征。

(2)投资主导的发展战略

采用投资主导的发展战略的母公司,往往自身不进行高强度的经营活动,甚至根本不进行面向市场的销售活动,而是通过对外控制性投资设立子公司、孙公司或者收购其他企业,来实现业务结构的多元化、地域布局的多地化,以及业务结构的转型升级。

由于母公司自身没有较强的产品或服务的市场能力,因而母公司在对外投资的时候往往不受任何束缚。母公司在对外投资的时候容易想的问题是:这个对外投资跟我现在整体的产品或服务布局是什么关系?我需要进军哪些新领域?需要不需要收购相关企业以改变自身原有的产品结构、市场形象以及资本市场估值?

因此,母公司采用投资主导的发展战略的企业,很容易出现对外投资格局大、步伐快,整个集团发展快速的特征。

> 可以这样说:发展快、成长性强的往往是母公司选择投资主导的发展战略的企业,而发展相对较慢的往往是母公司选择经营主导的发展战略的企业。但从盈利能力角度来看,母公司采用经营主导的发展战略的企业,其核心产品的盈利性往往是较强的。

4. 美的集团与格力电器发展战略比较

前面我们讲了，美的集团和格力电器近几年出现了较大差异，感觉美的集团发展更猛，格力电器发展缓慢。我们下面就从发展战略的角度对这两家企业进行分析。

我们先看看美的集团的资产结构（见表1-1）。

表1-1 美的集团的资产结构 ⊖

单位：万元

报表类型	2023-12-31 合并报表	2023-12-31 母公司报表	2022-12-31 合并报表	2022-12-31 母公司报表
流动资产：				
货币资金	8,167,385	3,026,060	5,527,010	2,849,240
交易性金融资产	179,059	29,900	328,459	27,412
衍生金融资产	127,816		66,548	
应收票据及应收账款	3,840,670		3,299,610	
应收票据	552,196		475,813	
应收账款	3,288,474		2,823,797	
应收款项融资	1,333,001		1,352,654	
预付款项	331,619	8,124	436,721	3,472
其他应收款（合计）	218,188	1,961,436	221,118	2,617,510
应收股利				
应收利息				
其他应收款	218,188	1,961,436	221,118	2,617,510

⊖ 本表中数据来自美的集团财务报表，考虑到普通读者的阅读习惯以及本书重在为读者提供一套实用的分析方法，在引用时对金额单位进行了调整（由千元调整为万元），并对由此产生的小数点后的数值进行了四舍五入，故有的合计数存在尾差。后续此类表同。特此说明。

（续）

报表类型	2023-12-31 合并报表	2023-12-31 母公司报表	2022-12-31 合并报表	2022-12-31 母公司报表
存货	4,733,926		4,604,490	
合同资产	404,593		449,896	
一年内到期的非流动资产	1,076,058	936,383	3,755,308	3,316,842
其他流动资产	6,290,089	4,371,276	4,654,238	3,347,660
发放贷款和垫款	1,429,696		1,413,876	
流动资产合计	28,132,098	10,333,179	26,109,927	12,162,137
非流动资产：				
发放贷款及垫款	97,527		69,329	
其他债权投资	631,905	333,406	1,109,426	721,530
其他权益工具投资	3,787		4,136	
其他非流动金融资产	776,994	28,517	1,062,524	34,770
长期应收款	25,052		61,460	
长期股权投资	497,611	7,595,784	518,882	7,310,357
投资性房地产	129,363	39,399	80,994	38,644
固定资产（合计）	3,093,796	130,100	2,608,299	122,355
固定资产	3,093,796		2,608,299	
固定资产清理				
在建工程（合计）	468,122	74,993	384,378	50,476
在建工程	468,122		384,378	
工程物资				
使用权资产	304,879	168	233,988	804
无形资产	1,845,774	58,371	1,690,892	65,332
开发支出				
商誉	3,085,824		2,854,865	
长期待摊费用	173,620	7,275	157,990	8,511

（续）

报表类型	2023-12-31 合并报表	2023-12-31 母公司报表	2022-12-31 合并报表	2022-12-31 母公司报表
递延所得税资产	1,277,115	28,943	1,024,430	32,725
其他非流动资产	8,060,353	7,113,207	4,284,008	3,542,394
非流动资产合计	20,471,720	15,410,163	16,145,600	11,927,897
资产总计	48,603,818	25,743,342	42,255,527	24,090,034

我们考察一下美的集团母公司的资产结构。

在2023年年末，美的集团母公司的资产总计为2,574亿元。不具有战略属性的货币资金和交易性金融资产之和为306亿元，意味着企业对剩余的资产进行了战略性应用。

在剩余的进行了战略性应用的资产中，具有典型经营资产意义的应收票据、应收账款、应收款项融资、存货均为零，与生产能力有关的固定资产、无形资产规模很小。据此，我们可以基本断定，母公司自己可能没有什么经营活动，或者即使有，规模也不大。

再看一下与投资有关的各项资产：长期股权投资规模达到760亿元，其他债权投资、一年内到期的非流动资产、其他非流动金融资产等都是投资性资产。需要注意的是流动资产中的两个项目：一个是其他应收款，另一个是其他流动资产。

从概念上说，其他应收款反映了企业与经营活动没有直接关系的一些债权，如应收的各种赔款、罚款，应向职工收取的各种垫付款项等。因此，如果企业的经营活动不多，其他应收款的规模不应该很大。

我们看到美的集团母公司其他应收款高达196亿元，而合并其他应收款只有不到22亿元的规模。这就是说，母公司的其他应收款主体上是让子公司拿走了。站在母公司立场来看，这就是对子公司的资金支持，就是投资。具体到子公司获得了多少资金支持，由于看不到账簿记录，我们只能简单地用母公司报表数据与合并报表数据的差额来进行粗略估计：子公司至少获得了母公司174亿元（196亿元－22亿元）的资金支持，最多获得了196亿元的资金支持（在母公司经营活动规模小的条件下，母公司的与向子公司提供资金无关的其他应收款规模应该很小，也可能是零。在母公司的与向子公司提供资金无关的其他应收款为零时，全部其他应收款都是支持子公司的资金）。

再讲一下其他流动资产（高达437亿元）。从上市公司披露的信息来看，其他流动资产主要包括企业预付或待抵扣的税金和短期投资。既然美的集团母公司自身不怎么经营，其他流动资产中就不可能有多少与经营活动有关的税金。因此，可以判断母公司的其他流动资产主要是短期投资，应该归于不具有战略属性的资产。

结论：美的集团母公司的资产结构展示的战略信息是，企业选择了投资主导的发展战略。美的集团的发展速度、业务结构以及市值变化都与其战略选择有直接关系。

我们再看看格力电器的资产结构（见表1-2）。

表1-2 格力电器的资产结构

单位：万元

报表类型	2023-12-31 合并报表	2023-12-31 母公司报表	2022-12-31 合并报表	2022-12-31 母公司报表
流动资产：				
货币资金	12,410,499	10,894,292	15,748,433	13,849,830
交易性金融资产	961,442	923,914	386,720	382,664
衍生金融资产	10,892	9,592		
应收票据及应收账款	1,618,682	500,538	1,483,156	281,162

（续）

报表类型	2023-12-31 合并报表	2023-12-31 母公司报表	2022-12-31 合并报表	2022-12-31 母公司报表
应收票据	8,734		682	
应收账款	1,609,948	500,538	1,482,474	281,162
应收款项融资	1,017,609	752,490	2,842,731	2,488,834
预付款项	249,265	3,084,878	234,467	2,896,761
其他应收款（合计）	82,656	486,022	80,428	360,222
应收股利	1,994		126	
应收利息				
其他应收款	80,662	486,022	80,302	360,222
买入返售金融资产	393,234			
存货	3,257,914	655,489	3,831,418	966,204
合同资产	83,881		104,774	
一年内到期的非流动资产	241,163	227,525	331,419	327,585
其他流动资产	2,486,894	2,110,980	470,458	252,437
流动资产合计	22,814,131	19,645,720	25,514,004	21,805,699
非流动资产：				
发放贷款及垫款	54,373		71,980	
债权投资	115,074	115,074	15,035	15,035
其他债权投资	1,636,384	1,516,779	1,434,035	1,331,275
其他权益工具投资	386,487	372,014	466,946	449,853
其他非流动金融资产			442,800	442,800
长期应收款	6,219		11,608	
长期股权投资	448,897	2,974,549	589,229	2,929,245
投资性房地产	63,326	1,527	63,469	1,757
固定资产（合计）	3,403,483	192,029	3,381,702	329,135
固定资产	3,402,373		3,381,004	

（续）

报表类型	2023-12-31 合并报表	2023-12-31 母公司报表	2022-12-31 合并报表	2022-12-31 母公司报表
固定资产清理	1,110		698	
在建工程（合计）	656,391	82,768	596,668	46,098
在建工程	656,391		596,668	
使用权资产	84,225		20,734	
无形资产	1,082,769	53,824	1,162,185	82,350
开发支出				
商誉	145,250		165,936	
长期待摊费用	2,428		2,286	
递延所得税资产	1,656,144	1,291,818	1,459,887	1,139,985
其他非流动资产	4,249,811	3,907,958	103,971	89,771
非流动资产合计	13,991,259	10,508,341	9,988,472	6,857,304
资产总计	36,805,390	30,154,061	35,502,476	28,663,003

我们考察一下格力电器母公司的资产结构。

在2023年年末，格力电器母公司的资产总计为3,015亿元。不具有战略属性的货币资金、交易性金融资产与衍生金融资产之和为1,183亿元，不具有战略属性的资产已经超过母公司资产总计的1/3！这意味着企业对剩余的不足2/3的资产进行了战略性应用。

在剩余的资产中，具有典型经营资产意义的应收账款、应收款项融资、预付款项、存货、固定资产、无形资产均有相当规模，整体规模为524亿元。据此，我们可以基本断定，母公司自己应该具有较为完备的支撑企业经营活动的系统性经营资产。

与投资有关的各项资产包括长期股权投资、债权投资、其他债权投资、其他权益工具投资、其他非流动金融资产、一年内到期的非流动资产等，规模达到 521 亿元，与前面讲到的经营资产规模很接近了。

再看看流动资产中的两个项目：一个是其他应收款，另一个是其他流动资产。

格力电器母公司报表中的其他应收款年末规模为 49 亿元，而合并报表中的其他应收款只有 8 亿元的规模。这就是说，母公司的其他应收款主体上也是让子公司拿走了。具体到子公司获得了多少资金支持，我们还是简单地用母公司报表数据与合并报表数据的差额来进行粗略估计：子公司至少获得了母公司 41 亿元（49 亿元 – 8 亿元）的资金支持，最多获得 49 亿元的资金支持（请注意：在母公司经营资产完备、经营活动活跃的条件下，母公司的与向子公司提供资金无关的其他应收款规模应该比较大。因此，母公司向子公司提供的资金的规模不可能达到 49 亿元）。

再看看其他流动资产（高达 211 亿元）。由于格力电器母公司经营资产完备、经营活动活跃，其他流动资产的主体就可能是与经营活动有关的税金等项目。因此，可以判断母公司的其他流动资产主要是与经营活动有关的项目，应该归于具有战略属性的资产。

这样，我们分析出来格力电器母公司经营资产的基本规模为 735 亿元（524 亿元 + 211 亿元），投资资产基本规模为 562 亿元（521 亿元 + 41 亿元）。

结论：格力电器母公司的资产结构展示的战略信息是，企业选择了经营主导的发展战略。格力电器的发展速度、业务结构以及市值变化都与其战略选择有直接关系。

需要说明的是：在前面的计算中没有包括在建工程、递延所得税资产等项目。实际上，在建工程是固定资产的后备力量，递延所得税资产主要由与经营活动有关的所得税会计核算引起，两项可以归为经营资产。如果把这两个项目考虑进去，对格力电器母公司的经营主导的发展战略就可以看得更清楚了。

合并资产：战略执行的阶段性成果

如果我们把母公司资产解读为战略的发起端，那么合并资产就是战略执行的阶段性成果。

想想看是不是这样：母公司不管采用什么样的发展战略，最终结果都应该是母公司与子公司的资产系统地整合在一起，为企业带来营业收入并获得利润和现金流量。这就是说，整个集团合并报表中的资产规模、资产结构就是母公司战略发起后母子公司共同努力所形成的资产。正是这个合并资产的规模与结构决定了企业整体的盈利状况、现金流转状况。

那么，我们应该怎样看合并资产的结构呢？

从与企业利润表中营业利润结构的对应关系来看，合并资产可以划分为经营资产与非经营资产。

强调一下，在我的分析中，对母公司资产结构、合并资产结构的认知是不一样的，不同的资产结构划分适应了不同的分析要求。

合并报表中的**经营资产**，包括应收票据、应收账款、应收款项融资、预付款项、存货、合同资产、固定资产、在建工程、生产性生物资产、无形资产和商誉等。按照当前利润表和现金流量表的结构，企业的经营资产将产生营业收入、获取核心利润（核心利润是我和钱爱民教授针对中国企业利润表的独有结构而创立的一个概念，是指企业营业收入带来的利润，等于营业收入减去营业成本，再减去税金及附加、销售费用、管理费用、研发费用及利息费用），并带来现金流量表上经营活动产生的现金流量净额。

合并报表中的**非经营资产**包括货币资金、交易性金融资产、衍生金融资产、一年内到期的非流动资产、债权投资、长期股权投资等资产。按照现在利润表和现金流量表的结构，企业的这部分非经营资产将产生利润表中的利息收入、投资收益和公允价值变动收益（上述三项可以并称为杂项收益），部分投资收益带来的现金流量计入现金流量表上的"取得投资收益收到的现金"项目。

> 注意，这里将企业资产中的货币资金归于非经营资产，是考虑到企业的利润表已经将利息收入单独列示。而利息收入显然不是由经营资产产生的营业收入带来的，而是由企业的货币资金带来的。

三张报表的资产结构、利润结构、现金流量结构的基本对应关系如表1-3所示。

表1-3 三张报表的基本对应关系

合并资产负债表项目	合并利润表项目	合并现金流量表项目
经营资产（包括应收票据、应收账款、应收款项融资、预付款项、存货、合同资产、固定资产、在建工程、生产性生物资产、无形资产和商誉等）	营业收入与核心利润（核心利润等于营业收入减去营业成本，再减去税金及附加、销售费用、管理费用、研发费用及利息费用）	经营活动产生的现金流量净额
非经营资产（包括货币资金、交易性金融资产、衍生金融资产、一年内到期的非流动资产、债权投资、长期股权投资等）	杂项收益（即利息收入、投资收益、公允价值变动收益之和）	利润表中利息收入带来的现金部分计入经营活动产生的现金流量；利润表中部分投资收益带来的现金计入取得投资收益收到的现金

本章向你重点展示了母公司资产中所包含的战略信息：母公司资产是企业战略的发起端。与此相对应，合并资产则是战略执行的成果。

我们在下一章，将对前面介绍过的两家企业（美的集团与格力电器）的合并资产进行进一步分析。

留一个作业：考察一下上市公司恒瑞医药和复星医药最新发布的母公司资产负债表，对其中的战略信息进行解读。

第 2 章　合并资产负债表
战略聚焦

在上一章最后,我向你展示了合并报表中资产结构、利润结构、现金流量结构之间的对应关系。

合并资产的两个聚焦

合并资产的经营资产与非经营资产的划分,为我们考察企业到底在聚焦什么奠定了基础。

1. 聚焦经营活动

如果合并资产中经营资产占主导地位,我们就称其为聚焦经营活动。

从合并资产结构来看,能够满足战略的结构配置和盈利目标要求,从而实现财务可持续发展预期的资产首先应该是经营资产。经营资产的结构配置，既明确了企业的行业选择、经营策略，也明确了企业经营活动的实现方式（如是否通过并购）等。而不同的经营资产结构配置以及经营活动的实现方式，将直接决定企业经营资产的盈利能力与财务可持续性，从而决定企业的偿债能力。

同时也要看到，由于非经营资产的结构复杂，其战略属性分析要比经营资产困难得多。其中，货币资金还没有进行任何应用，因而不属于战略性配置，只能属于闲置的资源；流动资产中各项金融资产由于主要预期是短期增值，因而也不属于战略性配置；非流动资产中具有股权性质的投资往往具有战略色彩，应该属于战略性配置；至于债权投资，由于债权人很难对债务企业通过债权持有进行控制或者产生重大影响，因而一般很难具有支撑企业长期可持续发展所要求的战略属性。

这样，非流动资产中具有股权性质的投资构成了非经营资产中战略应用的主力军。

因此，在合并资产以经营资产为主的情况下，企业的经营资产如果能够推进企业业务持续不断发展并能够产生较为理想的核心利润与现金流量，则企业就会有较好的持续发展前景；反之，如果企业的经营资产虽然规模庞大且物理质量看似较高，但不能按照预期推动企业的业务发展，这样过高储备的资产可能会迅速变成过剩的产能，并最终沦为质量低劣的不良资产。

2. 聚焦非经营活动

如果企业合并资产中的非经营资产占主导地位，则一般意味着企业对资产进行战略性应用的色彩还不够强。部分非流动资产中具有战略意义的股权投资性资产即使具有战略属性，也很难在短期持有的过程中具有较强的偿还债务的能力。因此，对于合并资产中非经营资产占主导地位的企业的发展前景要保持高度警惕。

当然，企业合并资产中的非经营资产占主导地位并不一定意味着企业没有发展前景。有的企业现有经营资产质量很高，并融得大量货币资金，如果它在一段时间内没有好的投资机会，则超量募集的资金就可能以货币资金的状态存在较长时间。处于这种情形的企业一旦找到好的投资机会，其资产结构就可能由非经营资产占主导地位转变为经营资产占主导地位。

表 2-1 列示的是上市公司爱美客 2021 年 12 月 31 日、2022 年 12 月 31 日、2023 年 12 月 31 日的资产负债表信息。

我们聚焦一下合并资产。

表 2-1 表现出来的爱美客的合并资产规模呈现出逐年增长的态势。在结构方面，多年来呈现出非经营资产大于经营资产的态势。在 2023 年 12 月 31 日，爱美客合并资产中的货币资金、交易性金融资产、一年内到期的非流动资产（属于债权投资）、债权投资、其他非流动金融资产以及长期股权投资等非经营资产的规模之和已经达到约 58 亿元的规模，占当日资产总额约 69 亿元的绝大部分。

这意味着，爱美客的经营资产在较长时期内的规模较小，大量非经营资产还没有得到战略性应用——对于大量的非战略应用性资产，企业还没有给其找到"出路"。

当然，你如果考察合并资产负债表中的未分配利润，会发现企业的未分配利润一直在增长。这说明企业资产的盈利性是不错的。而这种较高的盈利规模并不是大规模的非经营资产带来的，而是由经营资产贡献的（请参见爱美客相关年度报告）。

可以想象：如果合并报表中的非经营资产能够贡献更多的利润，爱美客的盈利能力还会大幅度提高。

表 2-1 爱美客资产负债表

单位：万元

报表类型	2023-12-31 合并报表	2023-12-31 母公司报表	2022-12-31 合并报表	2022-12-31 母公司报表	2021-12-31 合并报表	2021-12-31 母公司报表
流动资产：						
货币资金	243,385	221,228	313,959	257,772	326,354	277,107
交易性金融资产	120,410	90,202	70,369	70,223	37,051	37,051
应收票据及应收账款	20,607	20,765	12,776	12,776	7,235	7,232
应收票据						
应收账款	20,607	20,765	12,776	12,776	7,235	7,232
预付款项	3,340	1,278	2,086	1,644	1,465	790
其他应收款（合计）	1,203	14,147	460	3,000	969	2,111
应收利息						
应收股利						
其他应收款	1,203	14,147	460	3,000	969	2,111
存货	4,977	4,285	4,672	4,017	3,494	3,293
一年内到期的非流动资产	28,862	28,862	9,052	8,292	3,758	3,368
其他流动资产	2,346	1,239				
流动资产合计	425,130	382,006	413,373	357,725	380,325	330,951

(续)

报表类型	2023-12-31 合并报表	2023-12-31 母公司报表	2022-12-31 合并报表	2022-12-31 母公司报表	2021-12-31 合并报表	2021-12-31 母公司报表
非流动资产：						
债权投资	71,340	71,340	28,338	28,338	10,000	10,000
其他非流动金融资产	19,556		18,966	4,732	11,186	3,686
长期股权投资	95,070	196,481	93,514	194,901	100,103	163,315
固定资产（合计）	21,948	17,293	19,502	14,887	14,286	14,045
固定资产	21,948		19,502		14,286	
在建工程（合计）	1,472	1,295	501			
在建工程	1,472		501			
使用权资产	4,786	3,049	5,807	3,654	4,758	4,758
无形资产	11,492	9,516	11,664	9,406	1,199	1,186
商誉	24,489		24,489			
长期待摊费用	3,528	739	3,900	852	964	964
递延所得税资产	1,772	1,216	848	813	237	224
其他非流动资产	4,654	4,636	4,952	4,728	3,425	3,247
非流动资产合计	260,106	305,567	212,482	262,310	146,158	201,426
资产总计	685,236	687,572	625,855	620,035	526,483	532,377

(续)

报表类型	2023-12-31 合并报表	2023-12-31 母公司报表	2022-12-31 合并报表	2022-12-31 母公司报表	2021-12-31 合并报表	2021-12-31 母公司报表
流动负债：						
应付票据及应付账款	4,470	3,942	1,934	1,179	855	803
应付票据						
应付账款	4,470	3,942	1,934	1,179	855	803
预收款项						
合同负债	5,063	4,477	1,471	1,362	1,274	1,268
应付职工薪酬	9,663	9,096	7,595	7,436	8,241	8,152
应交税费	5,948	5,007	1,753	1,483	4,319	4,295
其他应付款（合计）	2,988	7,439	8,512	6,590	2,345	2,293
应付利息						
应付股利						
其他应付款	2,988		8,512		2,345	
一年内到期的非流动负债	1,500	1,082	1,130	804	794	794
其他流动负债	134	83	23	19	32	31
流动负债合计	29,767	31,127	22,417	18,873	17,859	17,636
非流动负债：						

（续）

报表类型	2023-12-31 合并报表	2023-12-31 母公司报表	2022-12-31 合并报表	2022-12-31 母公司报表	2021-12-31 合并报表	2021-12-31 母公司报表
租赁负债	3,746	2,186	4,839	3,023	4,019	4,019
递延所得税负债	2,882	1,514	3,606	1,519	831	456
递延收益－非流动负债	337	249	415	327	809	809
非流动负债合计	6,965	3,949	8,860	4,869	5,659	5,284
负债合计	36,732	35,076	31,277	23,742	23,518	22,919
所有者权益（或股东权益）：						
实收资本（或股本）	21,636	21,636	21,636	21,636	21,636	21,636
资本公积	345,941	349,712	341,159	344,930	341,072	344,847
减：库存股	39,978	39,978				
其他综合收益	287	287	281	281	-369	-369
盈余公积	10,818	10,818	10,818	10,818	10,818	10,818
未分配利润	296,091	310,022	210,719	218,628	129,791	132,526
归属于母公司所有者权益合计	634,794	652,496	584,613	596,292	502,947	509,457
少数股东权益	13,710		9,965		18	
所有者权益合计	648,504	652,496	594,578	596,292	502,965	509,457
负债和所有者权益总计	685,236	687,572	625,855	620,035	526,483	532,377

美的集团与格力电器的合并资产结构分析

下面我们就对前面讨论过的美的集团与格力电器的合并资产的规模和结构进行分析，看看这两家企业的合并资产在聚焦什么。

先看一下美的集团 2023 年年末的合并资产规模和结构。

在 2023 年年末，美的集团合并资产总规模为 4,860 亿元。在这 4,860 亿元中，属于非经营资产的货币资金（为 817 亿元）、金融资产及各项投资等加在一起的规模为 1,146 亿元！其余的 3,714 亿元为经营资产。考虑到企业合并资产总计年末比年初增加比例有限、资产结构变化不大，我们可以得出基本判断：企业年度内从事经营活动的平均资产可能在 3,500 亿元左右。

怎么看待这样的资产结构？

从整体上来看，企业的经营资产规模显著超过了非经营资产规模，经营资产占资产总计的比重为 76.42%。说明企业资产总规模中高度聚焦经营，整体进行战略性应用的色彩较强。

占资产总计比重为 23.58% 的非经营资产中规模最大的是货币资金。这意味着企业整体资产中仍然存在一定规模的战略闲置的资产，需要进行与战略有关的应用（要么进行经营资产的配置，要么进行有战略意义的参股性投资等）。

我们再看看格力电器 2023 年年末的合并资产规模和结构。

在 2023 年年末，格力电器合并资产总规模为 3,681 亿元。在这 3,681 亿元中，属于非经营资产的货币资金（为 1,241 亿元）、金融资产及各项投资等加在一起的规模为 1,661 亿元！其余的 2,020 亿元为经营资产。考虑到企业合并资产总计年末比年初增加不多、资产结构变化不大，我们可以得出基本判断：企业年度内从事经营活动的平均资产可能在 2,000 亿元左右。

怎么看待这样的资产结构？

虽然从整体上来看，企业的经营资产规模超过了非经营资产规模，但经营资产占资产总计的比重只有 54.88%，且占资产总计比重为 45.12% 的非经营资产中规模最大的是货币资金。这意味着企业整体资产中没有进行与战略有关应用（要么进行经营资产的配置，要么进行有战略意义的参股性投资等）的资产比重相当高。企业从事有战略意义的应用有所不足。

归纳一下两个企业的合并资产结构特征。

两家企业的合并资产均以经营资产为主，这符合两家企业主要以产品经营为主的社会认知。在企业整体资产的战略应用方面，美的集团显然是做得更好的一方：更大比重的资产聚焦经营，战略闲置资产（货币资金）的规模小于格力电器，且占资产总计的比重也较低。

但格力电器以绝对额远低于美的集团的经营资产支撑起与美的集团差别不大的净利润规模（分别参见格力电器与美的集团 2023 年年度报告中的合并利润表），应该意味着格力电器的经营资产在推动营业收入增长和获利能力提升方面的有效性相当强。这彰显了格力电器的产品经营竞争优势。

格力电器突出的另外一点，是长期居高不下的货币资金存量规模，而货币资金属于战略闲置资源（即随时可以进行战略应用，但在进行战略应用前处于闲置状态）。

你可能会说："不是说现金为王吗？钱多了还不好？"

> 请注意：临时性货币资金较多是难免的，也是很正常的。但如果货币资金规模长期过大，超过了企业经营活动和投资活动的未来需要，则这种长期战略闲置的资金就体现了企业在战略方向上的困惑——企业可能进入了战略困惑阶段。换句话说，就是可能不知道往哪里投资了。

你如果去看过去多年格力电器的利润表和资产负债表，就会发现企业营业收入的成长性不强，货币资金存量长期较高。这就是说：一方面，企业渴望营业收入不断增长；另一方面，大量现金没有进行战略性应用。这难道不能说明企业在战略方面可能存在困惑吗？

正是资产在战略应用上的差异，在相当程度上造成了美的集团与格力电器多方面财务数据的差异。

顺便提一下，比较美的集团2023年年末母公司资产（2,574亿元）与合并资产（4,860亿元）的规模，你会发现两者相差2,286亿元。这个差额就是子公司整体对整个集团的增量资产贡献。当然，这只是一个粗略的计算。实际上，由于母子公司之间存在着因资金往来导致的债权和债务联系，如果剔除这些联系，子公司整体资产对集团的增量资产贡献还会更多。

我们还可以比较一下格力电器2023年年末母公司资产（3,015亿元）与合并资产（3,681亿元）的规模，你会发现两者相差666亿元。这个差额就是子公司整体对整个集团的增量资产贡献。同样，这也只是一个粗略的计算。但我要说明的要点已经体现出来了：格力电器子公司对整个集团的资产贡献远远小于美的集团子公司对集团整体的资产贡献。

我观察过很多公司的财务数据，发现采用经营主导的发展战略的企业，其合并资产比母公司资产增加的幅度显著低于采用投资主导的发展战略的企业。这从另一个侧面验证了我们的分析：**采用经营主导的发展战略的母公司，在投资过程中往往受既有竞争优势的束缚。**

∎∎∎

相信通过本章的学习，你对合并资产的战略聚焦及其对企业的根本性影响有了一定的认识。

留一个作业：考察一下上市公司恒瑞医药和复星医药最新发布的合并资产负债表，对合并资产的战略聚焦进行分析。

第 3 章　合并资产负债表

战略执行的手段——并购

在这一章，我跟你聊聊能让企业业务规模和业务结构短时间快速发展的重要手段：并购。

拥有子公司的两个基本途径：设立和并购

采用投资主导的发展战略的母公司，其对子公司控制权（即拥有子公司的权利）的获得，既可以通过直接设立子公司的方式进行，也可以通过收购的方式来进行。

问题来了：这两种方式有什么差异吗？

自己设立子公司，除了设立企业必需的资本投入外，必然面临厂区规划、拿地、建设、招募员工甚至申请特殊行业的准入牌照等问题，这就可能由于建设周期长、前期建设风险和经营风险大、品牌形象建立时间长等，而使得从董事会确定设立子公司到实际对利润表产生贡献之间往往需要若干年的时间。当然，采用这种方式，如果管理得当，会最大限度降低企业的各种经营成本和费用，盈利能力相对会较强。

而通过收购将现有成熟的其他公司"收编"成自己的子公司，则可以立即把被收购企业现有的设施、技术、牌照、市场以及品牌形象等纳入母公司的合并范围，直接对合并利润表形成支撑。同样，如果企业想进入一个陌生的市场，较为便捷的方式就是收购一个成熟企业。

当然，与自行设立子公司相比，收购的代价不可避免会较高。因收购付出的代价在收购完成的时候将表现为合并资产中的商誉以及无形资产的过度评估增值。

收购其他企业还可以有这样的效应：一个企业通过收购进入一个新的业务领域以后，它的业务结构就会发生变化，而这种变化又对它在资本市场上的估值产生影响。

美的集团 2017 年并购库卡

如果我问你：美的集团是一个什么类型的企业？

相信很多人的回答是：家电制造企业。

这个回答，在 2017 年以前百分之百是正确的。但在 2017 年以后，情况就不是这样了。

在 2015 年和 2016 年的时候，美的集团的营业收入构成如表 3-1 所示。

请注意，美的集团 2016 年的年报信息显示，它的业务分成四大类：大家电、小家电、电机和物流。虽然分成了四类，但从营业收入的比重来看，它主要经营的是两类产品：大家电和小家电。这样的公司的确是家电制造企业。

表3-1　美的集团2015年和2016年营业收入分类

单位：千元

项目	2016年 主营业务收入	2016年 主营业务成本	2015年 主营业务收入	2015年 主营业务成本
大家电	97,855,794	69,390,846	87,932,142	63,685,678
其中：空调	66,780,877	46,372,262	64,491,950	46,270,517
冰箱	14,955,684	11,506,669	11,422,676	8,774,502
洗衣机	16,119,233	11,511,915	12,017,516	8,640,659
小家电	43,282,927	30,431,915	35,445,859	26,574,533
电机	4,127,517	3,424,075	3,533,842	2,966,665
物流	1,907,746	1,844,622	1,652,757	1,454,923
合计	147,173,984	105,091,458	128,564,600	94,681,799

当时作为家电制造企业的美的集团，可能需要在两方面做出突破：一是家电制造企业总感觉科技含量不那么高，需要向高端制造业转型；二是在营业收入上希望迅速与格力电器拉开距离，在竞争中全面压制格力电器。

怎么办呢？

在2017年，美的集团发生了一项影响重大、意义深远的非同一控制下的企业合并（以下信息来自美的集团2017年年度报告）：于2017年1月6日（即"购买日"），美的集团以27,001,856,000元的现金收购对价完成对库卡（KUKA）约81.04%股权的收购，加上本次收购前持有的库卡13.51%的股权（该13.51%的股权于购买日的公允价值为3,540,726,000元，乃参照购买日库卡股票的市价厘定），美的集团合计持有库卡约94.55%的股份。于购买日，美的集团实际取得库卡集团（库卡及其子公司）的控制权，将库卡集团纳入合并范围。库卡集团主要从事机器人及自动化系统业务。

此次交易的一些关键财务数据见下文。

（1）合并成本与商誉

美的集团收购库卡的合并成本与商誉如表 3-2 所示。

表 3-2　美的集团收购库卡的合并成本与商誉

单位：千元

现金对价	27,001,856
原持 13.51% 股权于购买日的公允价值	3,540,726
合并成本合计	30,542,582
减：取得的可辨认净资产公允价值	9,844,370
商誉	20,698,212

（2）评估增值状况

库卡集团于购买日的资产负债情况如表 3-3 所示。

表 3-3　库卡集团于购买日的资产负债情况

单位：千元

项目	购买日公允价值	购买日账面价值	2016 年 12 月 31 日账面价值
流动资产	12,468,388	12,468,388	12,468,388
非流动资产	12,925,644	6,119,034	6,119,034
流动负债	（9,092,126）	（9,092,126）	（9,092,126）
非流动负债	（5,891,794）	（3,355,987）	（3,355,987）
减：少数股东权益	2,248	2,248	2,248
取得的净资产	10,412,360	6,141,557	6,141,557

对于评估增值，年报解释如下。

评估增值的主要为无形资产（包括商标权、技术、客户关系和订单储备）。美的集团委聘独立外部评估师协助识别库卡集团的无形资产以及评估各项可辨认资产和负债的公允价值。主要资产的评估方法及其关键假设如下：

1）土地的评估方法主要为市场法，通过比较类似资产近期在公开市场上的交易价格或求售价格，调整被评估资产及类似资产之间实际上的差异，以估算被评估资产价值。

2）房屋和机器设备的评估方法主要为成本法，评估时以固定资产的现时重置成本扣减各项损耗价值来确定被评估资产价值，基本计算公式为设备评估值等于全价乘以综合成新率。

3）商标权和技术的评估方法主要为收益法，评估时根据商标或技术剩余使用期间每年通过获得使用相关资产的权利而节省下的许可费，用适当的折现率折现得出评估基准日的现值。

4）客户关系和订单储备的评估方法主要为多期超额收益法，评估时根据客户关系或订单未来使用年度中税后经济利益扣除贡献资产后的超额收益的现值总和，用适当的折现率折现得出评估基准日的现值。

（3）自购买日起至2017年12月31日止库卡集团的财务数据

自购买日起至2017年12月31日止库卡集团的财务数据如表3-4所示。

表3-4　库卡集团在被收购当年的营业收入与现金流量

单位：千元

营业收入	26,722,910
现金流量：	
经营活动产生的现金流量净额	693,536

（续）

投资活动产生的现金流量净额	−1,704,285
筹资活动产生的现金流量净额	−65,141
现金流量净额	−1,075,890

（4）此项收购后，企业营业收入的分类变化

此项收购后，企业营业收入的分类变化如表3-5所示。

表3-5　收购前后的业务分类

单位：千元

	2017年		2016年	
	主营业务收入	主营业务成本	主营业务收入	主营业务成本
暖通空调	95,352,449	67,664,335	68,726,349	48,010,165
消费电器	98,748,018	71,722,720	76,539,889	55,236,671
机器人及自动化系统	27,037,062	23,123,363		
其他	2,352,377	2,284,403	1,907,746	1,844,622
合计	223,489,906	164,794,821	147,173,984	105,091,458

为什么说美的集团的这次收购影响重大、意义深远呢？

首先，它在业务结构上实现了从传统制造业向高端制造业的华丽转身。比较一下表3-1和表3-5对2016年营业收入的分类，同样的数据，在2016年还分为大家电、小家电等，到了2017年就变成了暖通空调和消费电器。而且，2017年机器人及自动化系统业务横空出世！它的业务结构是不是给人以焕然一新的感觉？机器人及自动化系统业务的出现使得企业"高端"制造业的形象凸显出来了。

其次，美的集团的营业收入在2017年实现迅猛增长。这种增

长是原有业务快速增长和被收购企业营业收入直接合并共同推动的。即使原有业务不增加甚至出现小幅下降，由于被收购企业营业收入的加入，企业的营业收入也是会增加的。收购可以让企业营业收入快速增长。

再次，机器人及自动化系统业务的盈利能力似乎不强。这从两个方面来考察。第一，从毛利率的角度来考察。在2017年，暖通空调业务的毛利率为29%、消费电器业务的毛利率为28%，而机器人及自动化系统的毛利率还没有达到15%（请读者自己根据美的集团2017年的年报数据计算一下）！第二，从美的集团公布的库卡集团在被收购当年的财务数据来考察。它公布的库卡集团在被收购当年的财务数据仅包括营业收入与现金流量信息，唯独缺少了净利润信息。

这是不寻常的。从很多企业的披露实践来看，上市公司披露的在收购发生的年度被收购企业自收购至当年年末的财务数据往往包括营业收入、净利润和现金流量三类数据。而美的集团当年公布的数据唯独漏了具有重要意义的净利润数据。这种有意无意的遗漏似乎预示着库卡集团当年的盈利能力不强。需要思考的是：此时不强，今后会不会很强？

最后，此次收购对美的集团在资本市场上的估值影响重大。它花如此大的代价（产生约207亿元的商誉）收购一个盈利能力似乎不强甚至可能亏损的企业，绝不简单是为了增加营业收入、改变业务结构的分类。另外一个效应是必须关注的：库卡集团加入后企业科技含量的提升，有可能改变资本市场对美的集团的估值预期——有传统制造业形象的企业的估值与有高端制造业形象的企业的估值在资本市场上是显著不同的。美的集团在2017年的此次并购操作为其未来市值变化奠定了科技基础。

并购与可持续发展

必须说，收购是一个战略行动，而战略行动的成功与否是需要时间来检验的。

任何收购方都需要被收购企业服务于收购方的发展战略，并为收购方的财务可持续性做出贡献。而影响财务可持续性的一个重要能力就是盈利能力：只有企业保持持续的盈利能力和较为理想的获现能力，企业财务可持续性才有内在的保证。

下面我们看一下美的集团收购库卡后，截止到2023年的情况（见表3-6）。

表3-6 美的集团主营业务的产品结构

单位：千元

	2023年		2022年	
	主营业务收入	主营业务成本	主营业务收入	主营业务成本
暖通空调	161,110,843	119,912,866	150,634,586	116,234,025
消费电器	134,691,669	90,239,157	125,284,737	87,449,080
机器人及自动化系统	33,016,554	25,226,852	29,927,674	23,664,772
其他	15,313,646	13,566,202	10,617,777	9,659,221
合计	344,132,712	248,945,077	316,464,774	237,007,098

从2017年到2023年，美的集团原有业务——暖通空调和消费电器业务的增长速度（分别为69%和36%）显著高于机器人及自动化系统业务的增长速度（22%），且暖通空调和消费电器业务的毛利率（2023年分别为25.57%和33.00%）高于机器人及自动化系统业务的毛利率（2023年为23.59%）的格局仍然没有变化。

这就是说，当年斥重金收购的库卡的机器人及自动化系统业务维持了一定的成长性，但保持了营业收入规模较小、毛利率较低的特性。这种状况下的库卡，当然维持了自身的持续发展，但对整个集团的利润贡献应该是有限的。

是不是有这样的感觉：美的集团的业绩担当要看传统的暖通空调和消费电器业务，（高科技的）形象担当要看并购进来的机器人及自动化业务。

这就是说，在财务上，并购库卡的价值主要在于业务结构的形象改善、营业收入的贡献以及资本市场的估值变化。

现在，请回过头看一下前面表 1-1 美的集团 2023 年财报数据中商誉项目的规模。在 2023 年年末，美的集团商誉的规模为 309 亿元。我查了一下该公司 2023 年年度报告，没有发现与收购库卡有关的商誉出现减值的信息。这意味着，在 2023 年年末，美的集团对库卡未来的持续发展是有信心的。

应该说，美的集团是幸运的。在收购六年多以后，被收购企业还在为企业做着贡献。

并不是每一个上市公司都像美的集团这样幸运。有些企业凭借融资便利进行高代价收购，在短时间内让利润表快速"发展"起来。但你会发现，很多被收购企业在业绩承诺期满后随即出现业绩崩塌、业绩很快下跌直至亏损，致使收购企业财报中与之相对应的商誉出现大幅度减值，结果，收购企业在业绩承诺期间有多风光，业绩承诺期满后就有多狼狈。这种闹剧在中国资本市场不断上演，而且可能还会继续演下去。

投资者对于主要靠高商誉、高代价收购来支撑业务发展的企业的财务可持续性，要保持高度关注。

本章重点讨论了能够让企业实现快速增长的手段——并购。

相信通过本章的学习，你对并购对企业成长的贡献及风险有了初步的认识。关于并购的进一步学习，我们将在后面的相关内容中展开。

留一个作业：考察一下上市公司复星医药最新发布的母公司资产负债表与合并资产负债表，对企业发展的手段进行分析。

第 4 章 合并利润表

企业卖什么，卖给谁

对于绝大多数企业而言，无论其战略用文字如何表达，最终都要通过产品来展示——企业的业务结构具有极其重要的战略色彩。

除了业务结构以外，企业业务的地区结构也具有极强的战略色彩。

这就是说，"企业卖什么，卖给谁"方面的财务数据就是重要的战略信息。

格力电器的业务结构与战略

如果你关注过格力电器的广告语，你会发现过去二十年间，给人印象较深的有这样几条：

格力电器，创造良机；

好空调，格力造；

格力，掌握核心科技；

让世界爱上中国造。

怎么看上述广告语中的战略内涵？

前三条广告语告诉我们：格力电器的产品质量是好的，科技含量是高的。企业通过不断研发、掌握与空调有关的核心科技，来提升空调产品的科技含量，从而占领和扩大市场。格力电器走的是用技术推动企业进步、提升空调产品质量和竞争力的发展之路。

到这里，企业专业化的特征是极其鲜明的。

到了"让世界爱上中国造"这条广告语，其战略内涵就有了显著不同。

第一，企业不再强调空调，而是强调中国造，多元化形象凸显。这条广告语给人的印象是：我格力电器是中国造的代表，而且我不但造空调，还造其他产品——格力电器在业务结构上将进行多元化的产品布局。

第二，在市场结构上，我将布局全球市场。这就是说，格力电器要进行全球化的市场布局。

第三，格力电器不是一般性企业，而是要让人爱的企业。能够被消费者爱的企业，其产品质量、售后服务、产品的人性化体验等都应该给出让人爱的理由。产品的市场定位也应该是非常清晰的。爱的结果就是，愿意用企业期望的价格来购买它的产品。

多元化的产品布局、全球化的市场布局以及高质量的产品是"让世界爱上中国造"这条广告语要传递的战略内涵。

我们看一下，截止到2023年年末，格力电器业务的产品结构、市场结构以及市场竞争力是不是支撑其广告语所表达的内涵？

格力电器2023年营业收入的相关构成信息如表4-1所示。

表 4-1 格力电器业务的产品结构和地区结构

单位：千元

	2023 年		2022 年	
	收入	成本	收入	成本
按产品分类				
空调	151,216,511	95,207,974	134,859,395	91,116,284
生活电器	4,001,971	2,579,481	4,567,901	3,051,711
工业制品	10,002,891	7,730,401	7,599,260	6,057,663
智能装备	669,842	459,908	432,086	303,248
绿色能源	7,106,464	6,193,956	4,701,189	4,077,475
其他	1,567,792	1,336,830	1,006,009	967,479
合计	174,565,471	113,508,551	153,165,840	105,573,860
按地区分类				
内销	149,661,935	94,519,678	129,895,114	85,650,632
外销	24,903,536	18,988,872	23,270,726	19,923,228
合计	174,565,471	113,508,551	153,165,840	105,573,860

我们先看一下格力电器的业务结构。在 2023 年年报中，格力电器把营业收入分成了六类，其中有五类具有清晰的标识。至少在结构上，展示了它正在进行"五元化"的业务发展。但是，我们不能以企业分多少类就认为它在进行多少元的战略发展，而要看每一类的产品占营业收入整体的比重是多少。从业务规模来看，在 2023 年，格力电器的业务实际上可以归于两类，一类是空调业务，另一类是非空调业务——非空调业务的营业收入加在一起也没有空调业务营业收入减去 1,000 亿元后的尾数大。这说明，格力电器虽做出了多元化产品结构的框架，但在业务规模上，还没有实现有格局的多元化。

我们再看一下其业务的市场结构。表 4-1 把营业收入按地区分成了两类，一类是内销，一类是外销。同样的问题又出现了：把内销营业收入减去 1,000 亿元后的尾数都比外销的营业收入大。这同样说明，企业的产品销售主要集中在内销上。外销营业收入对营业收入整体的支撑度是较低的。

这就是说，格力电器的广告语"让世界爱上中国造"的战略内涵还需要较长时间才能够实现。在现阶段，其产品仍然以空调为主，销售仍然以内销为主。这个格局不打破，格力电器专业化、本土化企业的形象就难以改变。

美的集团的业务结构与战略

我们再补充一下美的集团营业收入的地区结构信息。

美的集团 2023 年营业收入的地区结构信息见表 4-2。

表 4-2　美的集团业务的地区结构

单位：千元

按地区分类	2023 年 金额	2023 年 占营业收入比重	2022 年 金额	2022 年 占营业收入比重
国内	221,131,596	59.44%	201,272,589	58.52%
国外	150,905,684	40.56%	142,644,942	41.48%
营业收入合计	372,037,280	100.00%	343,917,531	100.00%

请注意，这里的营业收入规模与表 3-6 的主营业务收入规模口径是不一样的：营业收入除了包括主营业务收入，还有其他业务收入。

从表 3-6，我们可以看到，美的集团的营业收入实际上集中在三类业务上：暖通空调、消费电器、机器人及自动化系统。实际上，主打的还是传统的制造业务。在整体的业务结构上，已经形成了远比格力电器清晰且有营业收入支持的多元化格局。

在市场布局上，美的集团国内销售与国外销售的业务收入更加均衡。虽然在 2023 年国外销售的比重在下降，但营业收入还是增长的。与格力电器相比，美的集团的全球化市场布局是更有成效的。

总结一下：企业营业收入的结构中包含了清晰的战略信息。

一方面，企业业务的产品结构信息反映了企业营业收入的行业布局。企业营业收入未来的成长性和盈利性，将在很大程度上取决于这种布局。

当然，企业营业收入的行业布局不是一成不变的。企业可以通过并购或者出售等方式对其营业收入的结构进行优化。美的集团在 2017 年对库卡集团的收购就是对自己营业收入的提升之举。

另一方面，企业业务的地区结构信息反映了企业营业收入的区域布局。不同地区的民族结构与宗教信仰、年龄结构、产业结构与发展前景、政治环境、气候特征等均会对特定企业的市场发展前景产生重要影响。

雅戈尔的业务结构与战略

最后，我们再看一家企业的业务结构，体会一下财报信息中的企业战略、业务与竞争力。

谈到雅戈尔，你想到了什么？

很多人马上想到了服装。因为很多人穿过雅戈尔的西装和衬衫。

作为上市公司的雅戈尔，在其 2023 年年度报告中关于企业核心竞争力的分析确实与服装有关。我摘录一部分如下：

1）**坚持创新驱动，锻造产业链、供应链优势，不断巩固男装行业龙头地位**。公司是国内男装行业的龙头企业，注重与国际时尚的接轨，坚持在材料、面料、工艺、品牌、服务等方面迭代创新，在生产技术及工艺的研发、产品设计等方面持续进行资源投入，建立了完整的产品研发和技术创新体系。

2）**聚焦主品牌提升，完善多品牌矩阵，推进时尚产业生态布局**。公司结合多年来在渠道、供应链、资金、零售管理等方面的积累和优势，推行多元化品牌发展战略，以主品牌 YOUNGOR 为核心，通过自有品牌升级、孵化、并购、合资等方式构建多品牌矩阵，推进 MAYOR、HART MARX、HANP、UNDEFEATED、HELLY HANSEN 等品牌多维度协同发展，在商务休闲、运动户外、潮流、生活方式等领域加速布局，覆盖更多消费人群。

3）**巩固直营渠道优势，探索以时尚体验馆为载体的新零售模式**。公司构建了覆盖全国且规模庞大的营销网络体系，涵盖自营专卖店、购物中心、商场网点、特许加盟、奥莱、团购等六大线下渠道，以及电商、微商城两大线上渠道，直营渠道的销售收入占比达到 95% 以上。报告期内，公司借力传统渠道优势，推进时尚体验馆建设，探索线上线下深度融合的新商业模式。

当你看到上述信息的时候，是不是强化了对雅戈尔作为服装产品供应商的形象认知？

我们还是让数据说话吧。

企业 2023 年披露的主营业务分行业、分产品、分地区情况如表 4-3 至表 4-5 所示。

表 4-3 主营业务分行业情况

金额单位：万元

分行业	营业收入	营业成本	毛利率（%）	营业收入比上年增减（%）	营业成本比上年增减（%）	毛利率比上年增减（%）
品牌服装	625,818	169,212	72.96	15.67	16.87	−0.28
地产开发	609,249	486,352	20.17	−26.70	12.25	−27.70

表 4-4 主营业务分产品情况

金额单位：万元

分产品	营业收入	营业成本	毛利率（%）	营业收入比上年增减（%）	营业成本比上年增减（%）	毛利率比上年增减（%）
品牌衬衫	171,298	42,246	75.34	8.76	12.02	−0.71
品牌西服	134,375	40,623	69.77	21.83	22.84	−0.25
品牌裤子	89,656	21,911	75.56	11.85	14.15	−0.49
品牌上衣	216,334	59,517	72.49	20.32	19.43	−0.21
品牌其他	14,155	4,915	65.28	6.58	−1.09	2.69

表 4-5 主营业务分地区情况

金额单位：万元

分地区	营业收入	营业成本	毛利率（%）	营业收入比上年增减（%）	营业成本比上年增减（%）	毛利率比上年增减（%）
品牌服装华东	357,161	98,613	72.39	12.64	14.84	−0.53
品牌服装华南	45,559	12,638	72.26	21.01	26.73	−1.25
品牌服装华北	49,280	14,753	70.06	21.31	11.79	2.54
品牌服装华中	66,283	15,338	76.86	18.39	15.81	0.52
品牌服装东北	19,426	4,990	74.31	−0.76	−7.06	1.74
品牌服装西北	26,474	7,085	73.24	36.36	40.42	−0.77

(续)

分地区	营业收入	营业成本	毛利率（%）	营业收入比上年增减（%）	营业成本比上年增减（%）	毛利率比上年增减（%）
品牌服装西南	61,636	15,797	74.37	21.59	30.69	−1.79
地产开发宁波	89,716	65,361	27.15	−89.20	−84.90	−20.75
地产开发温州	381,337	334,308	12.33			
地产开发甘肃	128,291	79,431	38.09			
地产开发其他	9,905	7,253	26.77	1347.75	1190.69	8.91

注：公司地产开发业务宁波区域上年同期集中交付江上花园二期项目，本年交付体量小，产品毛利率差距较大；温州区域本年集中交付未来城壹号（麓台里）项目；甘肃区域本年集中交付雅戈尔时代之星项目；其他区域包括上海、苏州，上年同期尾盘结转基数较小。

有意思的情况出现了：在企业核心竞争力的描述中，只有关于服装的描述，但在营业收入的构成中，地产开发业务的营业收入几乎占了全部营业收入的半壁江山！

这就是说，在业务结构方面，公司应该构成了双主业的格局；在战略以及竞争力方面，公司的重心还是服装业务。

但问题是：服装业务和地产开发业务行业跨度很大，且支撑业务的资产结构有显著差异。而且地产开发业务占用资金规模大、资产周转速度相对较慢。如果不是企业的战略选择，企业会进入这个"赛道"吗？如果是企业的战略选择，那为什么在核心竞争力方面就没有任何与地产开发业务有关的描述呢？

更有意思的是：在主营业务分产品的信息中，"品牌其他"的规模只有1亿多元，就作为一个产品品类进行信息披露，而规模近61亿元的地产开发业务居然不能归为主营业务。

从这些信息可以体会出：当年"雄赳赳"进军地产开发领域，到

2023年年报披露的时候，地产开发业务已经不招人待见了。公司实在是不愿意提及此类业务。因为站在2023年年末的立场，地产业务既没有盈利能力方面的竞争力，也不受政策支持，因而前景具有极大的不确定性。

下面我们再看看企业引以为傲的服装业务的产品结构和市场结构信息吧。

从主营业务分产品的信息披露情况，我们看不出排列顺序的规律：既不是按照营业收入规模的大小排列，也不是按照毛利率的高低排列。

尽管如此，我们还是能够体会出支撑企业业务的产品"三驾马车"（我按照营业收入规模大小排列）——品牌上衣、品牌衬衫和品牌西服。品牌上衣、品牌衬衫和品牌西服不仅成长性较好，毛利率也保持在较高水平。

主要产品类别的营业收入具备较好的成长性和毛利率水平，意味着企业品牌服装业务的战略推进是有效的，这类业务未来的发展还有上升的空间。

在主营业务产品地区结构方面，很明显，雅戈尔在华东地区的销量碾压其他任何地区。这在很大程度上与雅戈尔本身起家于华东地区，其品牌在华东地区更加深入人心有关。这个信息对我们的启发是：从企业品牌服装业务未来发展的战略来看，企业应该稳住华东地区的基本盘，继续提升产品在这个地区的品牌形象，持续推进营业收入的增长；在其他地区，企业应该对不同地区的竞争环境、营销策略、既有的消费者结构等进行系统梳理，调整营销策略，最大限度挖掘营业收入增长的潜力。

至于企业不愿意提及的地产开发业务，整体感觉是业务规模较小、地域较为分散，且与雅戈尔的品牌很难形成战略协同效应。这类业务的未来发展将主要取决于国家和相关地方政府对房地产政策的调整。

从根本上来说，构成雅戈尔市场竞争力、与品牌形象相一致的业务还是品牌服装业务。

■■■

本章重点讨论了企业的业务结构与战略问题。

我想告诉你的是：对于企业的战略，不能仅仅看企业关于战略的文字表达，还要看企业业务结构的财务数据是否对其形成支撑。

相信通过本章的学习，你对企业业务结构的战略内涵有了一定的认识。

留一个作业：考察一下上市公司比亚迪最新发布的年度报告，对企业营业收入的产品结构和地区结构进行分析，体会企业战略在营业收入上的表现。

第5章　合并现金流量表
企业怎样为未来发展进行战略准备

在本章，我们讨论一下现金流量表里面蕴含的战略信息。

你可以通过其他途径了解到现金流量表的基本结构：现金流量表按照经营活动、投资活动和筹资活动分别展示企业在一定时期内现金流入量与流出量的规模和结构。这里面有什么战略信息呢？

现金流量表中投资活动现金流出量与筹资活动现金流入量包含了极强的战略信息：投资活动现金流出量展示了企业对未来开展经营活动的物质技术基础的战略准备，而筹资活动现金流入量则展示了企业用谁的钱去发展的战略安排。

本章讨论投资活动流出量的战略内涵。

爱美客的投资行为分析

我们先看看上市公司爱美客连续几年的合并现金流量表（见表5-1）。

表 5-1　爱美客合并现金流量表

单位：万元

报表类型	2023 年 合并报表	2022 年 合并报表	2021 年 合并报表	2020 年 合并报表	2019 年 合并报表
一、经营活动产生的现金流量：					
销售商品、提供劳务收到的现金	295,325	194,168	144,547	72,471	57,462
收到的税费返还	1,490	1,948	473	651	676
收到其他与经营活动有关的现金	9,390	6,910	5,966	1,655	925
经营活动现金流入小计	306,205	203,026	150,986	74,776	59,064
购买商品、接受劳务支付的现金	8,610	7,268	6,241	4,311	3,644
支付给职工以及为职工支付的现金	35,394	27,021	17,690	11,690	9,066
支付的各项税费	43,155	31,424	20,034	9,270	7,948
支付其他与经营活动有关的现金	23,639	17,920	12,744	6,938	7,435
经营活动现金流出小计	110,798	83,633	56,708	32,209	28,093
经营活动产生的现金流量净额	195,407	119,394	94,278	42,568	30,972
二、投资活动产生的现金流量：					
收回投资收到的现金	428,435	358,200	190,000	155,000	81,000
取得投资收益收到的现金	2,783	2,465	2,677	1,514	697

第5章 合并现金流量表：企业怎样为未来发展进行战略准备　51

（续）

报表类型	2023年合并报表	2022年合并报表	2021年合并报表	2020年合并报表	2019年合并报表
处置固定资产、无形资产和其他长期资产收回的现金净额	2		1	1	
投资活动现金流入小计	431,220	360,665	192,678	156,515	81,697
购建固定资产、无形资产和其他长期资产支付的现金	6,368	15,568	2,303	3,211	3,260
投资支付的现金	545,728	415,576	255,153	244,930	81,000
取得子公司及其他营业单位支付的现金净额	7,000	23,892			
支付其他与投资活动有关的现金	37				
投资活动现金流出小计	559,133	455,037	257,456	248,140	84,260
投资活动产生的现金流量净额	-127,913	-94,371	-64,778	-91,625	-2,562
三、筹资活动产生的现金流量：					
吸收投资收到的现金	4,100	9,545	15	347,332	657
其中：子公司吸收少数股东投资收到的现金	4,100	9,545			657
取得借款收到的现金					
筹资活动现金流入小计	4,100	9,545	15	347,332	657
偿还债务支付的现金	100,475	45,436	42,070		4,500
分配股利、利润或偿付利息支付的现金					

（续）

报表类型	2023年 合并报表	2022年 合并报表	2021年 合并报表	2020年 合并报表	2019年 合并报表
其中：子公司支付给少数股东的股利、利润	41,609	1,527	6,675	3,251	560
支付其他与筹资活动有关的现金	142,085	46,963	48,745	3,251	5,060
筹资活动产生的现金流量净额	-137,985	-37,418	-48,730	344,080	-4,403
四、汇率变动对现金的影响	-83				
五、现金及现金等价物净增加额	-70,574	-12,396	-19,230	295,023	24,006
加：期初现金及现金等价物余额	313,959	326,354	345,584	50,561	26,555
六、期末现金及现金等价物余额	243,385	313,959	326,354	345,584	50,561

先看一下各年投资活动产生的现金流量中"购建固定资产、无形资产和其他长期资产支付的现金"这个项目的规模。你会发现，企业每年在这个项目上花的钱基本上在2,000多万元至1.6亿元之间，多数年份的支出规模就是几千万元。这意味着什么呢？

这意味着，企业在进行未来业务发展所需的物质技术基础建设的过程中，认为这样的规模就足以满足未来经营活动对固定资产和无形资产的需求。换句话说，企业未来业务的发展不需要太多的早期固定资产和无形资产的储备。

这种情况的出现，可以这样来理解：

第一，企业的固定资产、无形资产建设需求不大，可能是由企业经营活动本身的特点决定的——企业业务可能属于轻资产型，即不需要多少固定资产、无形资产购建就可以开展。

第二，企业所从事的业务，市场规模本来就不大，企业的固定资产、无形资产投资，完全可以满足企业在市场中的预期竞争地位对固定资产和无形资产的要求。

第三，企业未来如果进行大规模固定资产、无形资产建设，则可能预示着企业在进行业务领域的拓展——企业极有可能进入了新的需要更多固定资产、无形资产支撑的业务领域。

与此同时，你会发现，企业各个年度的"投资支付的现金"与"收回投资收到的现金"规模均很大，且各个年度的"投资支付的现金"与"收回投资收到的现金"规模比较接近，有的年度甚至是相同的。这意味着企业年度内有较为活跃的投资活动。

这是怎么回事？

这应该意味着企业存在年度内投资支出、投资收回的反复操作行为。这就是企业在货币资金充裕的条件下希望通过各种短期投资活动来实现增值的努力。换句话说：企业钱有点多，短时间内找不到具有战略意义的投资方向。为了让闲置的货币资源能够"生"点钱，企业进行了大量的不具有战略意义的短期投资操作。

当然，企业在多数年份"投资支付的现金"的规模大于"收回投资收到的现金"的规模，意味着企业在各个年度有可能存在参股性投资，这种投资就有可能具有战略意义。但从"投资支付的现金"的规模与"收回投资收到的现金"的规模对比来看，企业各个年度新增的参股性投资不会特别大。具体情况要结合企业的资产负债表和相关附注来确定。感兴趣的读者可以参阅爱美客各个年度债权投资、其他非流动金融资产以及长期股权投资的数量变化以及相关附注的说明。

> 总结一下：爱美客的投资活动现金流出量告诉我们，它现有日常经营活动的开展以及未来营业收入的提升，不需要太多的固定资产和无形资产投入；它通过投资活动现金流出量来对未来资产进行战略布局，要么通过大规模的固定资产和无形资产的购建来实现，要么通过大量对外股权性投资来实现。当然，它还可以通过并购来实现进入新业务领域的发展战略，而并购信息则要通过母公司报表与合并报表的对应关系来分析。

中芯国际的投资行为分析

我们再看看上市公司中芯国际连续几年的合并现金流量表（见表5-2）。

表 5-2　中芯国际合并现金流量表

单位：万元

报表类型	2023 年合并报表	2022 年合并报表	2021 年合并报表	2020 年合并报表	2019 年合并报表
一、经营活动产生的现金流量：					
销售商品、提供劳务收到的现金	5,163,396	6,265,654	4,301,708	3,162,881	2,418,657
收到的税费返还	549,873	462,273	270,544	84,660	124,833
收到其他与经营活动有关的现金	402,930	653,526	320,861	419,357	358,029
经营活动现金流入小计	6,116,199	7,381,453	4,893,113	3,666,897	2,901,520
购买商品、接受劳务支付的现金	2,966,861	2,935,397	2,110,579	1,826,613	1,542,498
支付给职工以及为职工支付的现金	633,698	626,230	479,060	397,952	435,941
支付的各项税费	111,909	117,456	80,085	69,361	16,588
支付其他与经营活动有关的现金	98,954	43,249	138,890	55,542	92,493
经营活动现金流出小计	3,811,423	3,722,332	2,808,614	2,349,468	2,087,520
经营活动产生的现金流量净额	2,304,776	3,659,121	2,084,499	1,317,429	813,999
二、投资活动产生的现金流量：					
收回投资收到的现金	6,454,558	10,519,278	3,935,488	3,145,077	2,250,752
取得投资收益收到的现金	220,618	84,439	89,025	84,013	83,950

（续）

报表类型	2023 年 合并报表	2022 年 合并报表	2021 年 合并报表	2020 年 合并报表	2019 年 合并报表
处置固定资产、无形资产和其他长期资产收回的现金净额	3,737	48,199	154,332	27,734	52,529
处置子公司及其他营业单位收到的现金	181,577	130,115	218,378	4,848	97,658
收到其他与投资活动有关的现金	6,860,490	10,782,030	4,397,223	3,261,672	2,484,889
投资活动现金流入小计	5,386,507	4,220,559	2,836,190	3,716,817	1,272,275
购建固定资产、无形资产和其他长期资产支付的现金	5,586,700	13,474,717	5,798,894	4,386,966	2,565,757
投资支付的现金	57,334	33,599	85,020	8,200	2,168
取得子公司及其他营业单位支付的现金净额	11,030,541	17,728,874	8,720,104	8,111,984	3,840,200
支付其他与投资活动有关的现金	-4,170,051	-6,946,843	-4,322,881	-4,850,312	-1,355,312
投资活动现金流出小计					
投资活动产生的现金流量净额					
三、筹资活动产生的现金流量：					
吸收投资收到的现金	549,776	811,026	1,267,972	7,084,859	795,387
其中：子公司吸收少数股东投资收到的现金	509,874	811,026	1,267,972	1,833,299	
取得借款收到的现金	3,271,653	2,536,083	1,210,325	2,309,215	915,828

(续)

报表类型	2023 年 合并报表	2022 年 合并报表	2021 年 合并报表	2020 年 合并报表	2019 年 合并报表
收到其他与筹资活动有关的现金	71,901	84,829	65,840	8,306	4,874
发行债券收到的现金				720,756	811,695
筹资活动现金流入小计	3,893,331	3,431,937	2,544,136	10,123,136	2,527,784
偿还债务支付的现金	2,061,258	883,474	954,708	1,089,776	1,541,336
分配股利、利润或偿付利息支付的现金	167,275	110,398	83,904	62,742	77,436
支付其他与筹资活动有关的现金	92,005	111,169	76,169	279,511	80,361
筹资活动现金流出小计	2,320,538	1,105,042	1,114,781	1,432,029	1,699,134
筹资活动产生的现金流量净额	1,572,793	2,326,896	1,429,355	8,691,107	828,650
四、汇率变动对现金的影响	-133,848	324,756	-145,817	-301,861	42,584
五、现金及现金等价物净增加额	-426,331	-636,071	-954,844	4,856,363	329,922
加：期初现金及现金等价物余额	4,828,270	5,464,341	6,419,185	1,562,822	1,232,900
六、期末现金及现金等价物余额	4,401,939	4,828,270	5,464,341	6,419,185	1,562,822

我们还是按照前面考察爱美客投资活动现金流量的方法来分析。

先看一下各年投资活动产生的现金流量中"购建固定资产、无形资产和其他长期资产支付的现金"这个项目的规模。你会发现，企业每年在这个项目上花的钱除了在2019年为100多亿元外，其他年度的支出为200多亿元至500多亿元。这意味着什么呢？

这意味着，企业在进行未来业务发展所需的物质技术基础建设的过程中，认为超常规大规模投入才能够满足未来经营活动对固定资产和无形资产的需求。换句话说，企业未来业务的发展可能需要大量的早期固定资产和无形资产的储备。

这种情况的出现，可以这样来理解：

第一，企业的固定资产、无形资产建设投资巨大，可能是由企业经营活动本身的特点决定的——企业业务可能属于极重固定资产投资型，即需要大量固定资产、无形资产购建才可能开展。

第二，企业所从事的业务，市场规模前景巨大，企业过往年度的固定资产、无形资产方面的大规模投资，就是为了满足企业在市场未来发展中的预期营业收入快速增长对固定资产和无形资产的要求。

第三，企业可能面临较为复杂的国际政治经济环境，为应对未来与固定资产、无形资产购建有关的不确定性，企业提早布局相关资产购建。

与此同时，你会发现，企业各个年度的"投资支付的现金"与"收回投资收到的现金"规模也是非常大的。这意味着企业年度内有非常活跃的投资活动。

同样，这意味着企业存在年度内投资支出、投资收回的反复操作行为。这就是企业在货币资金充裕的条件下希望通过各种短期投资活动来实现增值的努力。

> 总结一下：中芯国际的投资活动现金流出量告诉我们，它的日常经营活动的开展以及未来营业收入的提升，需要大量的固定资产和无形资产的前期投入；它通过投资活动现金流出对未来资产进行战略布局的主旋律是通过超常规投入进行大规模的固定资产和无形资产的购建，来为未来经营活动的大发展奠定物质技术基础。当然，这种建设是不是必然带来它在未来一定能够拥有营业收入超速增长的市场，还需要时间来验证。

■■■

本章重点讨论了企业的现金流出量中的战略信息问题。

我想告诉你的是：企业的战略实施是需要现金流量的前期支持的，而现金流出量支持的固定资产、无形资产投资最终能否为企业带来效益，是需要时间检验的。

相信通过本章的学习，你对企业投资活动现金流出量的战略内涵有了一定的认识。

留一个作业：考察一下上市公司比亚迪最新发布的年度报告，对企业现金流出量的结构进行分析，体会企业战略在现金流出量上的表现。

第 6 章　合并现金流量表

企业是怎样"搞钱"的

本章我们继续讨论现金流量表中包含的战略信息。

企业现金流的主要产生途径与战略内涵

1. 企业现金流的主要产生途径

企业现金的来路主要有以下这么几条途径。

一是股东投入的钱，里面既包括企业股东给的钱，也包括设立子公司的时候其他中小股东（就是子公司的非控制性股东，在报表中叫少数股东）投的钱。

二是通过各种途径借的钱，比如从银行借的钱、发债筹的钱等。

三是企业赚的钱，既包括利润带来的现金流量，也包括主要由企业通过上下游关系管理形成的钱。（如通过销售回款和购货付款的恰当安排为企业带来的与经营活动有关的现金流量：预收款多了，经营活动现金流量就会多；预付款多了、存货积压了，经营活动现金流量就可能减少。因此，通过上下游关系的有效管理，企业的货币资金可以增加。）

而利润带来的钱，主要体现在现金流量表的两个项目上：一是经营活动产生的现金流量净额，二是取得投资收益收到的现金。但与收回投资赚得价差所形成的利润有关的钱，在报表上我们是不能直接看到的。

从常识来看，企业现金的收支往往应该遵循这样的路径：在企业设立的早期阶段或者企业需要进行重大投资但债务融资能力不足或债务融资途径不畅的时候，企业资金主要来自股东；在企业需要资金进行投资并具有债务融资能力的时候，企业就要进行债务融资了；在企业经营活动、投资活动能够带来利润和相应现金流量的时候，企业经营活动和利润所带来的现金就要进行债务清偿、向股东支付现金股利；企业扩大再生产（进行固定资产、无形资产购建等）所需资金，既可以来自经营活动带来的现金流量，也可以通过筹资来解决。

这就是说，在一般情况下，当企业的股东入资、经营活动与利润所带来的现金流量净额足够支持企业经营活动的维持和发展的时候，企业一般不会进行债务融资——非必要不举债。

但是，在企业实践中，导致企业进行债务融资的原因很复杂，企业在债务融资方面的表现五花八门：有的企业很缺钱，也有比较好的经营活动前景，但由于各种原因的制约就是不能获得债务融资；有的企业不缺钱，也不借钱；有的企业很有钱，但又很能借钱。

特定企业获得债务融资的原因，我们很难去揣测。但是，**过高的非需求性债务融资将导致企业债务融资成本高企、债务规模不必要地高、总资产周转速度相应下降、总资产报酬率下降的情形出现。**

2. 不同途径现金流的战略内涵

企业通过不同途径产生的现金流量，具有不同的战略内涵。

（1）股东入资的战略内涵

在设立企业的时候，股东尤其是主要发起股东一定有清晰明确的企业目标。这个目标要么是从事某特定领域的经营活动，要么是要从事投资管理活动。这就是说，企业要干什么，在设立企业的时候就已经确立了。

> 需要注意的是，企业所从事的经营活动的特征以及企业对自身在行业内的具体定位将决定股东入资的规模、股权结构等：业务的开展或在行业中的定位需要高投入的企业，股东入资规模往往较大，股权结构往往较为复杂；业务的开展或在行业中的定位不需要太多投入的企业，股东入资规模往往较小，股权结构往往较为简单。

在企业属于上市公司的条件下，由于上市公司在不同时间点发行的股份价格可能存在显著差异，因而同样的股份数额会给企业带来不同的融资效应：当资本市场对特定企业的前景信心较强的时候，企业发行的股票就会有较高的价格，从而企业可以在发行股票不多的条件下募集更多资金。

在 2020 年的时候，一个上市公司当年对利润进行了分配：把几乎全部的可分配利润近 60 亿元以现金股利的方式分给了股东。在同一年，这个上市公司又发行了股票募集资金将近 70 亿元（公司当年发行股票前的总股本约 34 亿股，当年发行股票新增股份约 1.5 亿股）。

有人问我：这个企业为什么要这么折腾？它发行股票一定是有项目需要资金投入。但它不缺钱呀！如果把这些利润带来的现金不进行现金股利分配，而是直接用于需要资金投入的项目不是更好吗？就算有 10 亿元的资金缺口，也可以用借债的方式来解决呀，发行什么股票呢？明明可以让原有股东分享更多利润，为什么要让新的股东进来瓜分呢？

先想想一般的投资项目是怎么考虑资金筹措的。如果一个项目怎么干都赚钱，毫无风险，在这种情况下，一般的思维是用企业现在账上可以用于投资的资金去投，不足部分就用贷款来解决，只要贷款的利息等融资费用低于投资的回报就可以进行债务筹资。如果一个项目的风险比较大，但企业还想投，此时现有的股东都不愿意承担风险，但还想分享万一投资项目成功后的利润，在这种情形下，企业第一不愿意用自己账上的钱去投资，第二不愿意借款去投资（因风险较大）。唯一愿意用的筹资方式就是发行股票，让资本市场上的投资者入资去支持企业的投资项目，让他们去承担风险。我们讲的这个案例就是这种情形。

到这里，我们就可以梳理出这个企业极致性现金股利分红以及同年发行股票筹资的逻辑关系：现有的利润，由原有股东分享，所以要分给原股东；新增加的投资，由于风险问题，其资金来源以及风险承担者都是在这一年积极购买企业新发行股份的新股东。对于老股东而言，将分享投资项目未来收益的 34/35.5，而新项目的投资风险，表面上是要全体股东去承担，但实际上全部由这些购买公司新发行股份的新股东承担，因为新投资用的钱是这些新股东出的。

还要注意的问题是：企业此次发行股份只发行了 1.5 亿股，占发行股份后股份总数的 1.5/35.5，比重极低。即使新股东是一个股东，其对公司治理的影响也不会很大。

那你可能会说:"购买这个企业当年增发股份的投资人够傻的。收益大部分被老股东分享，损失全部由自己'独吞'。"

实际上，人家新股东也不傻：既然资本市场如此看好这个企业，我买它的股票应该能赚钱。只要我在未来企业股价高于此次发行价时把股票卖出去，我就是赢家。

这就是资本市场条件下的投资、筹资、股利分配的逻辑。

有的时候，股东入资不是以现金的方式进行，而是用非现金入资。用于入资的非现金资产可以是固定资产、无形资产、存货以及企业持有的其他企业的股权等。在用非现金经营资产（存货、固定资产和无形资产等）入资的情形下，用于入资的资产往往要进行公允价值评估；在用企业持有的其他公司股权入资的情形下，入资基础价值的确认往往按照交易价值（而不是净资产的公允评估价值）。这就出现了以不同资产入资形成的价值如何确立股份的问题。限于本章主题，我在这里对用非现金入资导致的股东间股权关系的协调并进而影响公司治理的问题不展开讨论，而是要谈一下非现金入资与企业的战略关系问题。

企业之所以接受股东的非现金入资，并不是看中了非现金资产的评估价值或者交易价值，而是看中了这些资产可能对企业未来的经营活动、盈利能力以及股权估值等方面有重要意义。

用非现金经营资产（如存货、固定资产或无形资产等）入资，其物理特性一定要与企业所确立的经营活动有较强的内在关联：股东不可能用自己的与拟入资企业经营活动没有关系的专有技术作为无形资产入资。

在用企业持有的其他公司股权尤其是控制权入资的时候，拟入资的非控制性股份应该与被入资企业的投资活动、经营活动有战略协同关系；拟入资的控制性股份所对应子公司的经营业务也应该与被入资企业形成战略协同。

在考察上市公司资产负债表的时候，你会发现有的企业少数股东权益挺多的，有的企业少数股东权益则很少。这方面多少的战略含义是：当投资方（母公司）认定被投资项目风险不大、自己资金足够解决子公司经营问题，不希望与其他股东分享财务成果的时候，少数股东权益往往较少；当投资方自己资金不足，或者自身资金不足，或者自身吸金的魅力极大、大量其他股东希望入资给子公司且准备建立的子公司未来经营风险较大的时候，则企业（母公司）的对外投资往往会吸纳少数股东入资。

几年前，我曾经教过的一个EMBA学生找到了我，说最近准备将企业整体卖给一家上市公司，希望听听我的建议。这个学生是该企业的董事长，企业从事市场成长性较好的经营活动，盈利能力较强。该项交易的基本关系是：这个学生并不要钱，只要那个上市公司的股份。这个学生的企业所从事的业务与那个上市公司的业务跨度很大，不可能有任何业务上的关联。

我告诉他："你要想清楚这样两件事。第一，你要干什么？第二，你能不能得到你想要的东西？"

学生告诉我："我想借壳上市，所以不要现金，只要这个上市公司的股份。"我问："按照上市公司对你的企业的估值，假设最终你成功地把你的企业卖给上市公司，你能够获得上市公司多少股份？"

学生说："估计了一下，大概会有11%的股份，将成为第二大股东。"（学生入资后，第一大股东的持股比例从原来更高的比例降为40%。）

我说："我的理解是，你把自己的企业卖给上市公司，希望借此形成对上市公司的控制，并能够让上市公司的发展方向在很大程度上与你的想法一致。但11%的股份离能够控制这个上市公司所需股份相差甚远，根本达不到你借壳上市的目的。"

"站在上市公司的立场，它仅仅用比较小的股份代价（增量发行11%的股份）就实现了对你的收购，与企业原有业务一起形成新的双主业的业务格局。这是一个很高明的低成本收购、对企业业务结构进行优化的战略举措。"

"站在你的立场，你原来能够控制的这个企业，未来只有11%的利益分享权益。至于你原来自己控制和经营的企业未来怎么走，你的话语权很快会丧失，因为你的企业变成了上市公司的子公司，将纳入上市公司的整体战略（不是你的战略）。"

这个学生明白了，此次交易根本不是他所要的，他根本实现不了自己的预期，所以很快就中断了此次交易。

（2）债务融资的战略内涵

一个企业能够通过举债获得资金，至少说明这样两点：第一，债权人对企业的偿债能力有信心，愿意把钱借给企业；第二，站在举债企业的立场，企业用债务驱动进行的经营活动（比如购建固定资产、无形资产，储备存货等）预期有盈利，也就是举债虽然有利息等融资成本，但由于企业相关的经营或投资盈利能力足够强，在减除利息等融资成本后可以增加企业未来的利润。

有的时候，企业明明不缺钱，但还是进行大量的债务融资活动。这种情况的出现，既与债务融资成本不高有关系，也与企业可以通过借款融进来的资金获得超过借款利息的回报有关。

当然，对于一个自然人而言，你很难实现存款利息收益大于贷款利息费用的财务安排。但企业尤其是盈利能力强、不缺钱的企业，就有可能实现低借款利息费用、高存款利息收入的财务安排。

（3）利润带来的现金流量的战略内涵

我在前面讲过，利润带来的现金流量，在现金流量表上只能看到两个项目：一是"经营活动产生的现金流量净额"，二是"取得投资收益收到的现金"。对于分析非金融企业而言，重点关注"经营活动产生的现金流量净额"就够了。因绝大多数非金融企业的"取得投资收益收到的现金"的规模并不大。

"经营活动产生的现金流量净额"由核心利润和补贴收益（其他收益）带来。当经营活动产生的现金流量净额充足到能够满足企业购建固定资产、无形资产等的现金需求的时候，企业就处于一种不需要任何融资就可以解决自己扩大再生产的资金需求，经营活动产生的现金流量净额对固定资产、无形资产购建形成战略支撑的良性状态；当经营活动产生的现金流量净额不足以满足企业购建固定资产、无形资产等支付的现金需求的时候，企业就需要进行额外融资或消耗既有的现金存量了。

> 顺便讲一下，企业经营活动产生的现金流量净额不足以满足购建固定资产、无形资产等的现金需求，并不一定意味着企业经营活动产生现金流量净额的能力弱（经营活动产生现金流量净额的能力，可以通过比较核心利润加其他收益与经营活动产生的现金流量净额来考察）。如果企业在固定资产、无形资产等方面扩张极其猛烈，经营活动产生的现金流量净额就很难"招架"了，此时只能通过消耗现有货币资金存量、债务融资或股东入资来解决资金问题了。

爱美客与中芯国际的融资行为分析

我们现在以前面的表 5-1 和表 5-2 分别展示的上市公司爱美客和中芯国际 2019 年至 2023 年现金流量信息中的融资管理行为进行分析。

我们先看看爱美客。

在爱美客各个年度经营活动产生的现金流量净额远远大于当年购建固定资产、无形资产等支付的现金需求的条件下，企业各个年度没有任何债务融资。

本来是看起来天经地义的事（不缺钱的公司当然不能进行债务融资），但我还是要给这个企业点一个大大的赞！为什么呢？你可以去看看，大量不缺钱的企业在进行各种各样的债务融资，除了短期借款、长期借款外，还有发行债券融资。这意味着什么呢？应该与企业的债务融资环境以及企业的人文环境有关。

当然，在不缺钱的情形下还进行债务融资的原因是多种多样的。有兴趣的读者可以直接或间接问问你身边在上市公司工作的朋友，听听他们怎么说。

必须看到的是，爱美客各个年度是有融资行为的。除了 2020 年企业上市募集资金以外（体会一下，企业从 2020 年上市后这几年所募集的资金是不是根本用不上？），上市前后的融资只有一条途径，就是"子公司吸收少数股东投资"。这意味着，企业在设立子公司的时候，不失时机地吸纳了其他积极向子公司入资但不谋求对子公司控制的投资方的资金。看来，这些少数股东对企业的发展前景非常有信心。

我们再看看中芯国际。

在中芯国际各个年度经营活动产生的现金流量净额与各年的核心

利润加其他收益比，其经营活动产生的现金流量净额远远大于当年核心利润加其他收益，经营活动产生现金流量净额能力极强（感兴趣的读者可以去考察中芯国际上述几个年度的利润表，计算核心利润并比较核心利润与经营活动产生的现金流量净额的规模）的背景下，由于企业各个年度购建固定资产、无形资产等的现金需求过于旺盛，企业各个年度都存在资金缺口，需要消耗现有现金存量或者进行债务融资或吸纳新的股东入资。

企业是怎么做的呢？

企业选择的是：利用自己的融资便利和融资能力，进行了大规模多方面的融资。

先看一下债务融资。企业在2019年和2020年连续两年发行债券进行债务融资；在2019年至2023年间，每年进行大规模贷款和还款，但贷款规模显著大于还款规模——每年贷款存量在增加；企业不但在2020年发行股票募集了500多亿元资金，自2020年以来，每年还通过设立子公司吸纳了大量其他投资方的资金。

之所以出现企业资金缺口不大，资金供应方不遗余力长期向企业提供资金的热闹局面，根本原因在于股东（包括上市公司的股东和子公司非控制性股东——少数股东）、各类债权人对企业未来发展充满了信心：债权人认为不用担心自己债权本金和利息的安全问题，各类股东认为不用担心投资收益以及投资增值问题。在这些资金提供者看来，中芯国际是一个将持续为各方贡献价值的好企业。但是，这样热闹的筹资行为，促进了企业固定资产、无形资产购建资金的长期大规模堆积，在固定资产、无形资产原值以及在建工程项目快速增长的同时，企业的营业收入增长及经营活动的盈利能力保持必然面临极大挑战。企业盈利能力的持续性以及财务状况的健康发展有可能因市场增长不及预期而陷入困境。请继续关注中芯国际在 2024 年以后的财务状况的走势。

∎ ∎ ∎

本章重点讨论了企业的现金流量管理中的战略信息问题。

我想告诉你的是：钱不是越多越好，不同途径产生的现金有不同的战略含义。

相信通过本章的学习，你对企业筹资活动与经营活动现金流量的战略内涵有了一定的认识。

留一个作业：考察一下上市公司比亚迪最新发布的年度报告，对其现金流量表中包含的与资金来源有关的现金流量结构进行分析，体会其筹资管理中的战略信息。

第 2 篇

企业的竞争力在哪里

一个企业的持续发展,既不在于战略制定得多么高大上、广告做得多么与众不同,也不在于资产总规模多么大、固定资产原值多么高,而在于企业的各类资产能够根据企业战略方向进行系统性组合,并能够形成持续盈利能力和获现能力。

那么,企业的竞争力在财报信息上是怎样反映的呢?财报信息支持企业在年报中声称的竞争力吗?怎么发现隐藏在财报中的竞争力信息呢?

在本书的第2篇,我就给你揭示企业财报信息与企业竞争力之间的关系。

第 7 章　合并利润表
从业务结构、市场地位看竞争力

你可能在不同场合、通过不同媒体接触过企业竞争力的问题。谈到企业间的比较，人们可能会说：这个企业竞争力不错，那个企业的竞争力不强。

那么，当谈论企业竞争力话题的时候，我们指的是企业的哪些方面呢？

在 2023 年 7 月底的一个公开课堂上，某提供应用服务的上市公司高管希望我现场评价一下这个企业的竞争力。

从网络上下载下来的该公司 2022 年年度报告，呈现在眼前的是这样一些数据：企业的资产总额连续多年保持稳定，且资产总额的近 50% 为货币资金，固定资产原值不断增长。企业资产负债率也较为稳定，保持在 20% 左右，且没有任何融资性负债。总资产周转率约为 6 年一次，营业收入各年基本稳定，但有持续缓慢下降的趋势。毛利率极低，每年保持在 10% 左右，研发费用率极低。企业每年经营活动产生的现金流量净额显著高于核心利润，且大于年度内规模不低的购建固定资产、无形资产和其他长期资产支付的现金。企业服务内容单一，且只服务于特定城市。企业所提供的服务具有唯一、不可替代性。

我的评价是：如果仅仅从企业的资产负债表的资产总额稳定、货币资金规模极高且稳定、资产负债率较低且稳定、固定资产原值不断增长、营业收入稳定、经营活动产生的现金流量净额远高于核心利润加其他收益，以及固定资产、无形资产建设不断增加，企业提供的服务具有不可替代性的情况来看，这个企业是一个不缺钱、有业务，并着眼于未来发展的企业，肯在固定资产、无形资产购建上花钱，未来市场预期貌似将不断增长，前景似乎还不错。

但是，有这样几点可能意味着企业的竞争力明显不足：一是研发投入很低，说明企业的已有服务不需要什么转型升级，这样的业务能长久吗？二是企业毛利率在 10% 左右徘徊，很容易出现经营亏损，如果遇到市场或政策方面的不利变化，企业能扛得住吗？三是企业长期只服务于特定城市，在当前业务长期稳定且有下滑趋势的条件下，企业手握大把现金，没有任何作为，未来企业营业收入的成长性和盈利能力的竞争性靠什么业务来支撑呢？

综合上述几点，我的结论是：尽管这个企业不缺钱，短时间内也不会面临偿债压力，但这个企业的竞争力并不强。

> 首先要强调一下，企业的竞争力，绝不在于资产总额的规模，也不在于固定资产原值的规模，还不在于企业账面上现金存量的规模，更不在于企业的资产负债率水平，而在于企业对资产进行运用后在产品市场或者服务市场上具备的竞争力。

本章我讲一下企业业务结构、市场地位与竞争力。

业务结构、营业收入与毛利率

在企业的合并利润表及其附注中，你会清晰地看到企业展示的各类业务规模与占营业收入总额比重等方面的信息。

应该说，营业收入的结构分类，在很大程度上反映了企业对其市场业务的战略安排。

但是，企业的营业收入结构信息本身与企业的市场地位和竞争力还不是一回事儿，业务结构属于战略目标范畴。企业的业务有没有竞争力，通过与产品或服务市场中的竞争对手比较后才能确定。

一般来说，企业的产品或者服务有没有竞争力，在利润表业务结构的数据上主要从两个角度来考察：一个是企业营业收入的成长性及在市场中的规模位置，另一个是企业特定产品类别的毛利率水平。

当然，企业产品在市场中的定位及营销策略与毛利率有直接的关系。但是，企业产品的市场定位与基本营销策略一般是稳定的，不太可能在年度间变来变去。任何一个注重自身发展前景的企业，都清晰地知道自己的竞争对手是谁，在市场中的地位和竞争力要与谁进行比较。

1. 营业收入

在同类企业的竞争中，营业收入首先是互为竞争对手的企业之间激烈较量的战略数据。同类企业的企业家们经常将营业收入的高低作为判断一段时期内自身竞争力的关键数据。

在 2012 年 5 月，格力电器的原董事长朱江洪因年龄原因卸任，董事长由原来的副董事长、总裁董明珠接替。

董明珠董事长上任后，在接受媒体采访时豪迈地说，格力电器的营业收入，要在2012年实现1,000亿元（格力电器2011年的营业收入为832亿元）。从2013年开始，每年增加200亿元，用5年的时间，再造一个格力电器。

显然，在董明珠眼里，各个年度营业收入的成长性及具体规模既是企业发展的战略目标，也是展示企业竞争力的重要指标。

果然，在董明珠董事长的领导下，格力电器在2012～2014年实现了预计的营业收入目标（见表7-1）。

表7-1 格力电器相关年度利润表信息

金额单位：万元

报表类型	2014年 合并报表	2013年 合并报表	2012年 合并报表	2011年 合并报表
营业收入	13,775,036	11,862,795	9,931,620	8,315,547
营业成本	8,802,213	8,038,594	7,320,308	6,813,212
毛利率	36.10%	32.24%	26.29%	18.07%

与此同时，与格力电器相互视对方为竞争对手的美的集团虽然没有公开公布每年营业收入成长性及具体规模的战略目标，但却紧紧盯住了格力电器，它们交出了下面的营业收入成绩单（见表7-2）。

表7-2 美的集团相关年度利润表信息

金额单位：万元

报表类型	2014年 合并报表	2013年 合并报表	2012年 合并报表
营业收入	14,166,818	12,097,500	10,259,811

（续）

报表类型	2014 年 合并报表	2013 年 合并报表	2012 年 合并报表
营业成本	10,566,969	9,281,806	7,944,904
毛利率	25.41%	23.28%	22.56%

看到了吗？在这个时期，美的集团交出了营业收入不仅成长，还力压格力电器的成绩单，但在毛利率上输了。

想想看，是不是应该如此：美的集团当年的业务包括了大家电、小家电、电机和物流等种类庞杂的以家电为主的业务，这些业务"凑"在一起虽然力压了格力电器，但在毛利率上输给了格力电器。

这是很正常的。这是因为，美的集团"杂"，格力电器"专"——格力电器以空调为主，其他非空调业务的营业收入并不多。因此，在营业收入大体相当的时候，专业化的竞争优势在毛利率上就显现出来了。

2. 毛利率

从营业利润的基本关系来看，企业必须有毛利（营业收入 - 营业成本），才可能对营业利润有正的贡献。

显然，在营业收入规模一定的条件下，毛利率（毛利 ÷ 营业收入 × 100%）越高，企业毛利额也就越高，营业利润也就可能因此而提高。因此，拥有较高毛利率是企业产品竞争力强的一个标志。

我们经常听到这样的说法：薄利多销。这里的薄利指的就是毛利率较低。

实际上，影响毛利率高低的因素有很多：企业的营销策略、原材料价格波动、固定资产原值以及折旧规模、企业选用的制造业生产成本核算方法等都会对毛利率产生直接影响。但是，无论是什么原因引起的毛利率波动，拥有较高毛利率的企业都会给人以产品盈利能力和竞争力较强的印象。

在前面美的集团与格力电器2012年至2014年这三年的较量中，美的集团虽然在营业收入上赢了，但毛利率却显著低于格力电器，说明在这个时期美的集团产品的综合盈利能力与格力电器相比还是有显著差距的。

格力电器与美的集团的竞争力对比（2022年、2023年）

在过去几年里，美的集团在营业收入长期显著高于格力电器的同时，营业收入中的空调业务也超过了格力电器的空调业务营业收入。一时间，空调老大易主的说法迅速传开。那么，美的集团超越的，是格力电器的空调业务的营业收入呢，还是空调业务的盈利能力呢？

我们还是用数据说话。表7-3展示了2023年年度报告中两家企业披露的空调业务的比较信息。

表7-3 格力电器与美的集团空调业务比较信息

金额单位：亿元

	格力电器		美的集团	
	2023年	2022年	2023年	2022年
营业收入	1,512	1,349	1,611	1,506
营业成本	952	911	1,199	1,162
毛利额	560	438	412	344
毛利率	37.04%	32.47%	25.57%	22.84%

下面对这两家公司的上述数据进行竞争力解读。

如果你只关注营业收入，2022年和2023年这两年美的集团空调业务的营业收入确实超过了格力电器空调业务的营业收入。但千万别忘了，对营业利润能够形成实质性贡献的不是营业收入，而是毛利额。

但如果你比较毛利额和毛利率就会发现，格力电器空调业务的毛利率远高于美的集团空调业务的毛利率，从而以较低的营业收入获得了更高的毛利额。

我们在前面对这两家企业2012～2014年营业收入和毛利率的比较中呈现出美的集团在营业收入上赢了，在毛利率上输了的情景，在将近10年以后，在空调业务的营业收入和毛利率方面的对应关系还是一样：格力电器空调业务的毛利率保持了极强的竞争力。

格力电器为什么能够长期保持高水平的毛利率呢？

这与董明珠董事长主导确立的营销策略有关。

我在前面提到过格力电器曾经的广告："格力电器，创造良机"，"好空调，格力造"，"格力，掌握核心科技"。这几条广告语虽然文字表达不同，但指向非常清晰——格力电器主打空调产品，且产品质量高。

我曾经在2002年至2008年间担任格力电器的独立董事。在与董明珠总裁（当年董明珠任总裁）的交往中印象极深的是她对格力空调质量的信心。

有一次，我与她谈到了格力电器的两条广告语。我说，"好空调，格力造"的表达不如"格力电器，创造良机"——"好空调，格力造"感觉就是空调好，而"格力电器，创造良机"中的"机"内涵很丰富，可以是机器，也可以是商机等，给人以更多的想象空间。

董明珠总裁说："不能这样想。我们进行广告设计，更多的是要关注消费者关心什么。那么多消费者，文化程度差异很大，不会有很多人关注广告语的内涵，但所有买空调的人都关心一个问题，就是谁的空调好。我就明确告诉大家，格力的空调好！"

她进一步说，实践证明，"好空调，格力造"抓住了消费者的心，是一条好的广告语。

又有一次，我与董明珠总裁谈到了空调售后服务的一个条款：格力电器把当时业内普遍实行的售后包修 3 年、再保修 3 年的惯例改成格力电器包修 6 年的做法。包修是企业负担全部的售后维修费用；保修是企业负责维修，但消费者要支付费用。

我问："这样做会不会导致格力电器未来的相关售后服务费用大幅度提高呢？"

董明珠总裁说："根据我们的质量监测数据，格力空调售后 6 年的质量是比较稳定的，包修 6 年不会给企业增加什么售后服务的成本支出。但这项解除消费者后顾之忧的服务政策一定会增强消费者对格力电器质量的信心。"

在谈到格力电器的定价策略时，董明珠总裁说："在相同情况下，格力电器的价格就要最高。因为我们的质量是最好的。哪有质量最好的产品价格不是最高的道理？"

基于产品质量的价格策略再加上企业在空调生产中专业化的规模效应，保证了格力电器的产品毛利率能够长期保持较高水平。

实际上，美的集团的空调业务营业收入首次超越格力电器是在 2020 年。在 2020 年，美的集团空调业务的营业收入为 1,212 亿元，格力电器空调业务的营业收入为 1,179 亿元。自那年以后，美的集团的空调业务营业收入连续四年实现对格力电器空调业务营业收入的超越。

那么，为什么在过去几年，格力电器的空调业务营业收入被美的集团超越了呢？

综合媒体上的分析，一般认为美的集团在多元化业务带动、数字化转型以及空调业务强攻等多种因素的作用下，其空调业务营业收入超越了格力电器的空调业务营业收入。而格力电器则失之于多元化推进不力、营销渠道改革滞后等因素。

应该说，上述都是导致两家企业空调业务营业收入此消彼长的重要原因。但有一点需要注意，2020年至2023年是一个特殊时期：2020年至2022年，是新冠疫情时期，而2023年则是疫情防控转段后的第一年。在这一年，世界经济增长乏力，大量消费者在空调品牌的选择上可能更倾向于品牌美誉度和产品质量都不错且价格更加亲民的品牌。在这种情况下，美的集团的空调产品出现更大的市场增长就有其必然性。

需要注意的是，格力电器不会甘心于自己的核心业务——空调业务的营业收入被美的集团超越，而是要尽全力形成反超越。这种努力在2023年似乎已经取得了一定的成效。在这一年，格力电器空调业务的营业收入在与美的集团空调业务的营业收入差距缩小的情况下，还保持了自身空调业务毛利率的显著提升。

当然，企业的竞争是长期的。请读者关注未来格力电器与美的集团在空调业务方面的竞争。

···

本章重点讨论了企业的规模和业务结构中包含的企业产品或者服务的竞争力问题。我想告诉你的是：营业收入的规模既是企业一段时期重要的战略目标，也是企业竞争力的重要标志。除了营业收入的规模外，毛利率是显示企业产品或者服务竞争力的又一标志。

相信通过本章的学习，你对企业营业收入与毛利率和企业竞争力之间的关系有了一定的认识。

留一个作业：考察一下上市公司比亚迪最新发布的年度报告，对企业利润表中包含的营业收入的规模和结构及其变化进行分析，并计算结构性营业收入所对应的毛利率在年度间的变化及其中所蕴含的竞争力信息。

第8章　合并利润表

业务凭什么盈利

本章我们要讨论的问题是：企业业务的盈利性靠什么来支撑？是靠研发？靠营销？还是靠品牌？

实际上，企业所提供的产品或者服务很庞杂，市场状况差异极大：有的是面对终端市场，需要大量广告投入；有的是需要大量长期研发投入来维持产品或者服务的科技含量；有的是依靠已有的上下游关系而拥有稳定的市场地位；有的则是依靠已有的品牌和产品质量来占领市场。

支撑业务盈利能力的主要因素

我按照利润表里面的费用划分梳理了一下支撑企业经营活动盈利性的几个主要因素。

1. 研发投入

很多企业需要不断投入研发才可以保证其产品或者服务的科技含量。

比如，大家一提到华为，印象非常深的是华为在研究与开发上的投入。在很早的时候，华为就确立了将各年度营业收入的一定百分比投入到研究与开发上去的方针。长期持续的大规模研发投入支撑了华为在产品技术上的不断进步。

又比如格力电器。在2012年5月，朱江洪因年龄原因卸任格力电器董事长。在回答现场提出的"你给格力电器留下了什么？"的问题时，他说："我强调科技强企。企业必须掌握核心科技才可以保持长期的竞争力。"

但你如果看格力电器的利润表，就会发现企业的研发费用与营业收入之间并不存在稳定的比例关系。当年格力电器的财务负责人在与我交流此事时说："格力电器并不是按照营业收入的一定百分比进行研发投入的，而是按照需求去安排研发资金。"

因此，研发投入不一定完全按照营业收入的一定比例来安排。只要企业的研发能够保证企业产品或服务的科技含量并保持盈利能力的竞争性，其研发费用的管理就是有效的。

2. 营销投入

消费者了解企业产品的渠道很多。在数字时代的今天，企业通过各种营销手段让消费者了解企业的新产品往往是使新产品迅速打开市场的主要手段。

当然，企业产品的市场结构不同，营销手段以及营销资源投入、营销成效也不相同。因此，平衡营销手段、营销资源投入以及营销成效之间的关系是企业营销策略研究的重要内容。

无论采用什么样的营销手段，其营销成效最终都会在营业收入上表现出来。销售费用与营业收入相比得出的销售费用率，既反映了企业的营销资源投入的有效性，也反映了企业产品所处的市场生态。

多年前，我与一个从事某类产品生产和销售的企业高管谈到了这个企业产品的销售问题。依我的感觉，这个企业的产品对消费者没有什么价值，产品也没有什么科技含量，消费者很难购买。但这个企业高管对其产品的市场很有信心。

我说："你们怎么能让消费者买你们的产品？"

他说："很简单。就是打广告。当广告打到一定程度，消费者就买了。"

当然，一个企业的产品如果希望长期在市场中拥有一席之地，产品本身必须具有其特定的有用性。完全靠概念和广告来打市场的产品不可能有很好的市场前景。

想想看，你身边是不是有很多这样的产品：听广告很好，用着没什么用，价格还很贵。这要归功于企业的营销。还是远离这些产品吧。

当然，在很多情形下，企业的营业收入既可能与研发投入有关，也可能与营销努力有关。

3. 品牌综合带动

有的时候你会发现，企业既不怎么搞营销，也不怎么搞研发，产品在市场上卖得还很好，毛利率也维持在不错的水平。这就是品牌综合带动的结果。

如果关注贵州茅台的合并利润表，你就会发现，这个企业的营业收入是逐年增长的，而且毛利率长期保持在 90% 以上。与此同时，公司各个年度的销售费用率（销售费用 ÷ 营业收入 ×100%）非常低，研发费用率（研发费用÷营业收入×100%）更低。

对于以白酒生产和销售为主要经营活动的企业，研发费用率低是很容易理解的：消费者喜欢喝特定企业的白酒，一定不希望口味经常变化——白酒口味的稳定性是企业产品最重要的质量特征。至于研发不同系列的白酒或者非白酒产品，则可能面临与其主流产品市场冲突的风险。因此，白酒企业研发费用率低是有其内在逻辑的。

销售费用率低则与企业长期形成的品牌形象密切相关。这就是说，贵州茅台经过长时间的品牌形象积累，已经把自己成功打造成了中国第一白酒的品牌形象。这个品牌形象的形成，既与长期颇为有效的营销活动有关，更与企业长期重视产品质量控制和品牌建设有关。

一些老字号医药企业、酒类企业都具有这种特性：企业营业收入的成长性，在很大程度上不靠营销，而靠品牌。

恒瑞医药和复星医药的盈利性分析

下面我用两个案例展示一下支撑企业经营活动盈利性的因素。

1. 恒瑞医药的营业收入、毛利率、销售费用率与研发费用率

表 8-1 展示了上市公司恒瑞医药 2023 年年度报告中合并利润表的数据。

表 8-1 恒瑞医药利润表部分信息

金额单位：万元

报表类型	2023 年 合并报表	2022 年 合并报表
营业收入	2,281,978	2,127,527
营业成本	352,525	348,664

（续）

报表类型	2023年 合并报表	2022年 合并报表
毛利率	84.55%	83.61%
税金及附加	21,926	19,039
销售费用	757,718	734,789
销售费用率	33.20%	34.54%
管理费用	241,697	230,648
研发费用	495,389	488,655
研发费用率	21.71%	22.97%
利息费用	590	649

表8-1可以用"三高"来概括：毛利率高、销售费用率高、研发费用率高。

作为医药企业，恒瑞医药在2023年营业收入比上年有所增长的情况下，毛利率还在提高。而驱动毛利率达到较高水平的两大动力因素应该是大规模的营销投入和研发投入，正是这"两高"的投入，成就了企业的营业收入增长和毛利率的提升。

我们可以进一步看看企业的销售费用和研发费用的构成情况（见表8-2和表8-3）。

表8-2 恒瑞医药销售费用构成

单位：万元

报表类型	2023年 合并报表	2022年 合并报表
学术推广、创新药专业化平台建设等市场费用	387,691	380,831
职工薪酬与福利	253,607	289,292

（续）

报表类型	2023 年 合并报表	2022 年 合并报表
差旅办公费、会务费	103,801	54,985
股权激励费用	5,775	1,115
其他	6,843	8,566
合计	757,718	734,789

从销售费用的构成来看，恒瑞医药超过 50% 的销售费用是"学术推广、创新药专业化平台建设等市场费用"。应该说，企业面对的不是到马路边的药店购买其药物的"散户"病人，而主要是一些机构购买者。如此高的与机构购买者购买其产品有关的"学术推广、创新药专业化平台建设等市场费用"应该彰显了这些医药类企业的营商环境。此外，"职工薪酬与福利"占销售费用的比重也是比较高的。

结合在一起来判断，企业应该是采取了对外强化营销、对内强化员工激励的内外结合的营销策略。尽管销售费用率比较高，但由于企业具有较高的毛利率，在扣除销售费用、研发费用、管理费用和利息费用后，其经营活动还是能够为企业带来利润的。

表 8-3　恒瑞医药研发费用构成

单位：万元

报表类型	2023 年 合并报表	2022 年 合并报表
人员人工费用	181,559	205,437
直接投入费用	97,606	78,810
折旧及摊销	29,199	22,494
设计试验费用	113,929	119,192

（续）

报表类型	2023年 合并报表	2022年 合并报表
股权激励费用	7,804	1,479
其他	65,292	61,243
合计	495,389	488,655

从研发费用的构成来看，占研发费用比重最大的是"人员人工费用"。"人员人工费用"在2023年的规模比2022年虽然有所下降，但不能简单认为企业在研发人员的薪酬待遇方面有所降低（可能企业实施了研发人员薪酬的结构性调整从而导致整体上的研发人员人工费用有所降低，也可能企业调整了人员归类，部分人员由原来的研究人员调整为开发人员，相关人员人工费用归入了开发支出从而进入了资产项）。其他方面的费用整体上是提高的，这意味着企业在研发方面的投入是持续的、稳定的。

持续的、占营业收入比重较高的研发资源的投入，在很大程度上支撑了企业产品的科技含量，从而使得企业产品的初始盈利能力（毛利率）持续保持在较高水平。

应该说，恒瑞医药在2023年的营业收入增长和较高毛利率的保持，是营销与研发资源投入合力作用的结果。

2. 复星医药的营业收入、毛利率、销售费用率与研发费用率

我们再来看看复星医药的情况。表8-4展示了上市公司复星医药2023年年度报告中合并利润表的数据。

表 8-4　复星医药利润表部分信息

金额单位：万元

报表类型	2023 年 合并报表	2022 年 合并报表
营业收入	4,139,954	4,395,155
营业成本	2,159,531	2,316,969
毛利率	47.83%	47.28%
税金及附加	27,126	22,780
销售费用	971,224	917,118
销售费用率	23.46%	20.87%
管理费用	437,491	382,810
研发费用	434,604	430,209
研发费用率	10.50%	9.79%
利息费用	132,483	96,381

与表 8-1 相比，表 8-4 可以用"三较高"来概括：毛利率较高、销售费用率较高、研发费用率较高。

同样作为医药企业，复星医药 2023 年营业收入比上年有所下降。与此同时，毛利率还在提高。从整个行业的情况来看，综合毛利率近 50% 不能说很低。而驱动毛利率维持在接近 50% 水平的两大动力因素应该是：较高的营销投入和研发投入。

我们可以进一步考察企业销售费用和研发费用的构成情况（见表 8-5 和表 8-6）。

表 8-5　复星医药销售费用构成

单位：万元

报表类型	2023 年 合并报表	2022 年 合并报表
人力成本	335,096	290,555

（续）

报表类型	2023年 合并报表	2022年 合并报表
市场、学术及品牌推广等费用	455,682	468,465
办公、差旅及会务费	148,680	111,952
折旧及摊销	16,325	14,996
其他	15,441	31,150
合计	971,224	917,118

从销售费用的构成来看，占销售费用比重最大的是"市场、学术及品牌推广等费用"。此外，"人力成本"占销售费用的比重是第二高的。结合在一起来判断，与恒瑞医药相类似，复星医药也是采取了对外强化营销、对内强化员工激励的内外结合的营销策略。

表 8-6 复星医药研发费用构成

单位：万元

报表类型	2023年 合并报表	2022年 合并报表
人力成本	163,172	162,991
临床试验及技术服务费	117,487	117,314
折旧及摊销	61,126	38,803
科研物耗	60,102	65,985
其他	32,718	45,116
合计	434,604	430,209

从研发费用的构成来看，占研发费用比重最大的是"人力成本"。"人力成本""临床试验及技术服务费""折旧及摊销"在2023年的规模比2022年均有所提高，这意味着企业在研发方面的投入是持续、稳定的。

但是，比较一下恒瑞医药与复星医药的相关数据，你会感觉恒瑞医药"个头"比较小，除了研发费用外，营业收入、营业成本、销售费用、管理费用都比复星医药"小一号"，但在毛利率这个核心盈利能力指标上，恒瑞医药却比复星医药明显"大一号"！

在这种"大一号"和"小一号"的比较中，复星医药营业收入所带来的利润就所剩无几了：看上去还不错的毛利率，抵挡不住销售费用、管理费用、研发费用和利息费用的轮番消耗，最终营业收入带来的毛利基本上被上述费用"吃掉"了。

出现这样的差异，除了与两家企业采取的研发策略、营销策略以及管理和组织的有效性方面的差异有关外，还与两家企业采取的发展战略密切相关。

感兴趣的读者，请分别参阅一下恒瑞医药和复星医药最新发布的年度报告。

通过考察两家企业的母公司利润表与合并利润表，你会发现恒瑞医药母公司营业收入很高，但合并营业收入比母公司营业收入增加得并不多，且母公司销售费用、研发费用的规模占合并销售费用、研发费用的比重较大，这说明恒瑞医药母公司有较为完备的研发、生产和销售系统，母公司极有可能采用了经营主导的发展战略。而复星医药母公司营业收入很低，合并营业收入比母公司营业收入的规模大很多，且母公司没有发生销售费用，研发费用很少，销售费用全部发生在子公司，研发费用几乎全部发生在子公司，这说明复星医药母公司几乎不进行产品的研发、生产和销售，母公司极有可能采用了投资主导的发展战略。

通过考察两家企业的母公司资产负债表与合并资产负债表，上述分析将得到证实：恒瑞医药母公司进行战略性应用的资产中，经营资产多于投资资产，公司采取了经营主导的发展战略；而复星医药母公司进行战略性应用的资产中，几乎没有什么传统的经营资产（如应收票据、应收账款、预收款项融资、预付款项、存货、固定资产、无形资产等），进行战略性应用的资产基本上是投资资产，公司采取了投资主导的发展战略。

不仅如此，复星医药合并资产中的商誉几乎是逐年增加的。这意味着复星医药增加营业收入、扩大经营规模的主要手段是产生商誉的收购。

这就解释了为什么复星医药营业收入规模远远大于恒瑞医药，但其营业收入的盈利能力远远不如恒瑞医药：靠收购形成的营业收入增长是容易的，但整体盈利能力的提高则需要对被收购企业进行系统性资源整合。这方面，复星医药需要付出更多的努力。

■ ■ ■

本章重点讨论了支撑企业营业收入盈利性的几个主要因素：营销、研发和品牌。

相信通过本章的学习，你对影响企业营业收入、毛利率水平的几个内在关键因素有了一定的认识。

留一个作业：考察一下上市公司海尔智家与美的集团最新发布的年度报告，对两家企业利润表中包含的营业收入的成长性、毛利率的变化，以及销售费用率、研发费用率的变化和销售费用、管理费用的结构变化情况进行考察，思考两家企业的营销、研发与营业收入增长以及毛利率变化之间的关系。

第 9 章　合并利润表

从营业利润的"三支柱、两搅局"看竞争力

本章我们讨论一下利润表中营业利润的结构与企业竞争力的关系问题。

营业利润的"营业"与营业收入的"营业"内涵并不相同

当我们考察一个非金融企业的利润表的时候，你会发现，在利润表中开始的项目是营业总收入。营业总收入往往包括企业经营活动产生的收入（利润表中将其称为营业收入）和企业从事金融类业务子公司的营业收入（利润表中将其称为其他类金融业务收入）。很多企业无论母公司还是子公司或孙公司等均不从事金融类业务，因而营业总收入就等于营业收入。

这是你看到的与营业有关的收入项目。

往下看，你会看到一个项目叫营业利润。

绝大多数人特别容易想当然地把营业收入与营业利润联系在一起：营业利润是由营业收入产生的，如果用营业利润除以营业收入，就会得到一个重要的反映企业营业收入盈利能力的财务比率——营业利润率（营业利润÷营业收入×100%）。请看我们前面曾经讨论过的复星医药2023年年度合并利润表的结构（见表9-1）。

表9-1 复星医药营业利润结构

单位：万元

报表类型	2023年 合并报表	2022年 合并报表
营业收入	4,139,954	4,395,155
营业成本	2,159,531	2,316,969
税金及附加	27,126	22,780
销售费用	971,224	917,118
管理费用	437,491	382,810
研发费用	434,604	430,209
财务费用	98,432	64,740
其中：利息费用	132,483	96,381
利息收入	36,365	28,263
加：其他收益	46,354	38,415
投资净收益	350,199	437,784
公允价值变动净收益	-42,738	-249,837
资产减值损失	-21,974	-27,249
信用减值损失	-13,193	-6,537
资产处置收益	556	12,560
营业利润	330,751	465,666

在复星医药的利润表数据中，营业利润与营业收入之间的关联度并不大。最明显的关系是：在 2022 年，营业利润是 46.57 亿元，当年的投资净收益就达到了 43.78 亿元；而在 2023 年，营业利润是 33.08 亿元，当年的投资净收益竟达到了 35.02 亿元，超过了营业利润。

从这个简单的比对中，你应该体会出：营业利润的"营业"概念与营业收入的"营业"概念的内涵已经出现了极大的差异。对这个差异的忽视，将导致你对一个企业营业利润的来源以及这个企业盈利能力的竞争力的判断出现极大偏差。

那么，对复星医药的营业利润屡次做出"英雄救美"壮举的投资净收益是何方神圣？这个项目怎么那么神？怎么能一次一次拯救企业的营业利润呢？我们看一下复星医药 2023 年年报附注中对投资净收益结构的展示（见表 9-2）。

表 9-2 复星医药投资净收益构成

单位：万元

报表类型	2023 年 合并报表	2022 年 合并报表
权益法核算的长期股权投资产生的收益	218,485	183,515
处置长期股权投资产生的投资收益	69,826	-193
处置子公司投资收益	-105	35,184
处置交易性金融资产取得的投资收益	53,142	208,940
其他非流动金融资产在持有期间取得的收益	5,312	2,631
交易性金融资产在持有期间取得的收益	812	3,666
仍持有的其他权益工具投资在持有期间取得的股利收入	20	20
处置其他非流动金融资产产生的投资收益	2,707	4,022
合计	350,199	437,784

从表 9-2 展示的复星医药投资收益的构成来看，企业的投资收益项目很多。这意味着企业通过投资活动获得利润（投资活动带来的利润肯定跟营业收入没有关系，在项目归属上属于投资收益）来支撑营业利润的手段很多：有的是通过买卖自己持有的各种非控制性投资来获利，有的是通过出售子公司来获利，有的是通过收到的分红来获利，有的则是根据被投资对象出现的利润按照本方持股比例进行调账而确认的账面上的利润（标准的专业术语叫权益法核算确认的投资收益）。

实际上，尽管我们看到企业有如此多的构成投资收益的项目，似乎企业通过投资收益增加利润的途径很多，但很多项目在年度间并不能保持稳定增长，如处置子公司带来的投资收益——子公司卖一个少一个。

当然，如果企业的投资收益每年都能够对支撑营业利润起到中流砥柱的作用，说明企业投资活动的盈利能力具有更强的竞争力。

为了清晰地考察企业营业利润的构成，我们需要对营业利润进行解构。

营业利润的"三支柱、两搅局"

1. 营业利润的"三支柱"

从产生来源来看，支撑营业利润的是三个支柱。

（1）营业收入带来的"核心利润"

> 由于营业利润并不一定来源于营业收入，因而营业收入带来的利润就不能再叫营业利润了。我们只能给出一个新名字：**核心利润**。

> 核心利润的概念是我和钱爱民教授首先提出来的。现在，这个概念的应用越来越广泛了。
>
> 核心利润的计算公式如下：
>
> 核心利润 = 营业收入 – 营业成本 – 税金及附加 – 销售费用 – 管理费用 – 研发费用 – 利息费用

在上述关系式中，销售费用和研发费用一般与营业收入关联度较高，而管理费用和利息费用未必与营业收入有多大的关系。

首先讲一下管理费用。一般来说，管理费用是企业管理机关从事日常管理活动所发生的各种费用，包括管理机关员工的薪酬与福利、与管理机关相关的固定资产折旧费及无形资产摊销费、办公费、差旅费等。

显然，员工薪酬与福利往往与企业对管理机关的人力资源政策有关。如果你考察企业管理费用中员工薪酬与福利的规模就会发现，有的企业营业收入不高，但管理费用中的员工薪酬与福利很高；而有的企业营业收入很高，但管理费用中的员工薪酬与福利反而不高。

管理费用中的固定资产折旧费与无形资产摊销费则与企业管理部门的技术装备水平以及管理信息系统的建设有直接的关系：有的企业机关的基础设施建设很现代化，管理信息系统的建设投入了大量资金，因而管理费用中的固定资产折旧费与无形资产摊销费相应就高；有的企业机关的基础设施陈旧，管理手段相对落后，因而管理费用中的固定资产折旧费与无形资产摊销费自然就不高。

在差旅费的管理上，有的公司管理很严格，领导以身作则，乘飞机出差一律乘坐经济舱；有的公司则较为气派，一定职级以上的领导乘飞机出差全部可以乘坐公务舱或头等舱。

因此，在相当程度上，管理费用的规模与营业收入的关联度并不一定很大，而是与企业的人力资源政策以及管理理念的关联度更大。

下面再讲讲利息费用。

利息费用与企业贷款的平均规模和平均利息率的水平有关。从企业贷款的管理过程来看，影响利息费用规模的主要是财务管理部门的筹资行为与债务筹资的基本利率水平。当然，有的企业进行债务筹资就是为了解决流动资金短缺问题，此时的利息费用就是获得营业收入的必然代价——与营业收入有关。但在更多的时候，企业的债务筹资可能与投资活动（如对外投资设立企业、收购、固定资产和无形资产购建等）和维系与金融机构的关系（如大量企业的非需求性债务融资）有关，此时的利息费用与营业收入的关系就不大了。

为方便计算，我们还是把管理费用和利息费用在计算核心利润时减去。

（2）政府补贴政策决定的"其他收益"

为了支持某些企业、某些行业的发展，各级政府往往会出台一些支持企业发展的补贴政策。企业获得的各种政府补贴将归入**其他收益**。

应该说，企业获得的政府补贴在很大程度上与企业的经营活动有关。但从根本上来说，政府补贴是具有时效性的，不会像营业收入那样可以长期成为企业营业利润的支撑力量。

顺便说一下，企业因补贴收入带来的现金流入量归于经营活动产生的现金流量。

因此，我在一些场合把其他收益归入核心利润来对企业经营活动带来的利润与现金流量进行一揽子审视。

在本书中，核心利润不包括主要由政府补贴收入构成的其他收益。

（3）与营业收入毫无关系、按照规定"驰援"营业利润的"杂项收益"

在营业利润构成中有三个项目：由平均存款规模和利率决定的利息收入，由企业各种投资资产产生的投资净收益，以及由企业持有的某些金融资产价格波动形成的公允价值变动净收益。

这三个项目，我将其统称为**杂项收益**。

很显然，这三个项目的收入或收益与营业收入没什么关系，而与企业的货币资金和投资有关。

2. 营业利润的"两搅局"

在得到企业营业利润之前，还要减除两个减值损失，一个叫**资产减值损失**，一个叫**信用减值损失**。

本来，在减值损失刚刚作为独立项目列示在利润表中的时候，只有一个项目，就是资产减值损失。后来分化成了信用减值损失和资产减值损失：把各种债权出现的减值损失命名为信用减值损失，把除了债权以外的资产出现的减值损失继续叫作资产减值损失。

为什么我把这两个减值损失说成是两个搅局？

按照现在会计处理的一般惯例，企业在会计年度终了，要对其账上的各种资产进行减值测试，看看这些资产是不是已经出现了减值。如果出现了，就要把相应资产的账面价值按照减值的程度调减，把新增加的减值归入利润表的相应减值损失项目，从而减少当期的营业利润。

有些资产的减值相对比较容易确定，比如企业应收账款的减值损失。欠你钱的人或者单位能不能还你，你是不是大概有个数？请注意，即使是对债权做减值处理了，减值的额度也只是估计值。日常生活中是不是有这样的朋友，他因各种原因借了一些债务，满以为通过投资可以实现增值，借债后却投资失败、穷困潦倒导致偿债能力不足，但他一直记着自己的债务，通过各种手段努力进行偿还。这样的人只要活着，就有可能偿还他的债务。当然，也有因投资损失、债台高筑而长期跑路的。

债权是否出现减值损失尚且如此难以精准确定，其他资产就更不容易对减值进行精准测试了。

因此，在实践中，各项资产的减值损失确定是一个"专业"判断，即按照一定的方法和惯例对各项资产进行减值测试。这就有可能出现下面的情形：明明有些资产出现了减值，但考虑到企业当年利润有点低，测试后的结果就可能是减值不多；如果企业利润很高或已经亏损了，也不在乎利润减少一些或者再多亏一些，此时减值测试后的结果就可能是资产减值很多。

所以，你就会发现不少企业的两项减值损失在年度间出现"过山车"式的变化。

另外，在很多情况下，企业当年进行的减值处理，是由本年度以前的决策和管理导致的。这就形成一种有意思的情况：本年辛辛苦苦的经营活动好不容易获得了一些核心利润，结果被两个与以前年度决策和管理有关的减值损失给"吞"了——减值损失导致营业利润由盈利变成亏损。

这不是搅局是什么？

下面我们看一个因被搅局而"成功"地由盈利变成亏损的案例。

表 9-3 列示了上市公司天融信 2023 年的合并利润。

表 9-3 天融信营业利润结构

单位：万元

报表类型	2023 年 合并报表	2022 年 合并报表
营业收入	312,449	354,300
营业成本	124,397	142,719
税金及附加	2,898	2,749
销售费用	91,889	81,195
管理费用	21,722	32,220
研发费用	76,848	82,058
财务费用	189	−136
其中：利息费用	1,118	942
利息收入	962	1,189
加：其他收益	16,925	13,539
投资收益（损失以"−"号填列）	−863	2,328
公允价值变动净收益	1,066	47
信用减值损失（损失以"−"号填列）	−5,870	−3,974
资产减值损失（损失以"−"号填列）	−45,048	−967
资产处置收益（损失以"−"号填列）	5	27
营业利润	**−39,279**	**24,497**

我们看一下天融信 2023 年营业利润的"三支柱、两搅局"是怎样发挥作用的。

首先看一下核心利润。简单观察一下，企业的核心利润自身的情况可以概括为"三高一低"：毛利高、销售费用高、研发费用高，核心利润低。尽管企业的管理费用已经在 2023 年有了较大幅度下降，但仍然不能让天融信在 2023 年有像样的核心利润。

再看看以政府补贴为主的其他收益（见表 9-4）。

表 9-4　天融信其他收益构成

单位：万元

报表类型	2023 年 合并报表	2022 年 合并报表
政府补贴	16,783	13,361
增值税进项加计抵减	1	22
代扣代缴个人所得税手续费返还	140	157
其他收益合计	16,925	13,539

从表 9-4 其他收益构成来看，政府补贴占了其他收益的绝大部分，且在 2023 年营业收入下降的情况下，政府补贴还在增加。

实际上，在 2022 年，其他收益占企业营业利润的比重已经达到 50% 以上了。这就是说，在 2022 年，企业的营业利润就是靠政府补贴支撑其半壁江山的。核心利润并没有达到能够在营业利润中占主导地位的程度。"三高一低"的状况在 2023 年以前就已经有了。

幸运的是，由于企业在 2022 年没有计提大规模的减值损失，企业的营业利润仍有看上去还不错的表现。

2023 年企业的经营活动似乎还在沿袭 2022 年的节奏：通过高营销来推动市场。只不过在 2023 年，虽然营销更加努力（销售费用显著增长）了，政府补贴也很给力，但就是抵挡不住两搅局的冲击——两项减值损失合计造成了对营业利润超过 5 亿元的冲击！

必须要说的是：如果没有政府补贴的支撑，企业 2023 年的营业利润将会亏得更惨。

下面看看最后一个支柱——杂项收益的贡献。表 9-5 展示了天融信 2023 年杂项收益的结构。

表 9-5　天融信杂项收益构成

单位：万元

报表类型	2023 年 合并报表	2022 年 合并报表
利息收入	962	1,189
投资收益（损失以"-"号填列）	-863	2,328
公允价值变动收益（损失以"-"号填列）	1,066	47
杂项收益合计	1,164	3,565

表 9-5 表明，虽然杂项收益整体规模不大，但整体上还是对营业利润做出了正的贡献。

总结一下：在支撑天融信营业利润的三个支柱中，连续两年贡献最大的是政府补贴，获得核心利润的盈利能力在走下坡路。

最后再看看导致企业 2023 年实现亏损的罪魁祸首——资产减值损失的构成（见表 9-6）。

表 9-6　天融信资产减值损失构成

单位：万元

报表类型	2023 年 合并报表	2022 年 合并报表
存货跌价损失及合同履约成本减值损失	-585	-381
商誉减值损失	-44,328	0
合同资产减值损失	-135	-586
合计	-45,048	-967

请注意，从造成减值损失发生的因素来讲，存货跌价损失、合同履约成本减值损失、合同资产减值损失等也许与当年的经营管理有关（当然更有可能的是与以前年度的相关经营管理有关），但是，商誉减

值损失在绝大多数情况下会在并购发生一段时间以后才暴露出来（当年收购产生巨额商誉，当年年底就出现商誉减值损失计提的情形也有，但极少），而且商誉的产生一般是由企业董事会做出的并购决策导致的，一般也不属于企业日常的经营管理能够影响的项目。

也就是说，巨额商誉减值损失的计提发生在2023年，但病根要追溯到产生此商誉的年份，责任则应归属于当时做出此项收购决策的在董事会会议上投赞成票的董事会成员和在股东大会上投赞成票的股东。

如果从2023年的经营活动、投资活动产生的利润以及努力获取政府补贴等方面对企业的日常工作进行评价的话，就应该剔除本年不应由经营管理者负责的各项减值损失。

所以说，减值损失就是搅局因素。

> 总结一下：在企业营业利润的构成中，三个支柱反映了企业所拥有的三个方面的竞争力，核心利润反映了企业产品或服务在盈利能力方面的竞争力，其他收益反映了企业学习政策、获得政策支持的竞争力，杂项收益则反映了企业利用非经营资产谋求利润的竞争力。
>
> 但是，从根本上来说，高质量可持续发展的企业，其核心利润应该占营业利润的主体地位。当一个企业核心利润长期不能占营业利润主导地位的时候，企业产品或服务的市场竞争力很难说强，企业经营活动的持续发展可能面临困境。

■■■

本章重点讨论了企业营业利润的结构与企业的竞争力问题。

根据我对营业利润的解构，营业利润由"三支柱、两搅局"构成。高质量可持续发展的企业，其核心利润应该占营业利润的主体地位。

相信通过本章的学习，你对企业营业利润的结构与企业竞争力的关系有了一定的认识。

留两个作业：第一，把本章复星医药利润表的"三支柱、两搅局"的数据计算一下，看看这些项目在 2022 年和 2023 年对营业利润的规模分别产生了什么影响；第二，考察一下上市公司天融信 2023 年年度报告中的合并资产负债表，看看企业的商誉占资产总额的比重有多大，并追溯一下与 2023 年计提巨额商誉减值损失相关的商誉是哪一年产生的。

第 10 章　合并利润表

从经营资产与非经营资产的获利能力看竞争力

我在第 1 章曾经给出了三张报表中资产结构、利润结构和现金流量结构的基本对应关系，现在重新展示在表 10-1 中，并为方便本章的分析，我对这张表进行了必要的调整，在经营资产对应的利润构成中加入了其他收益。经过这样的调整，营业利润的三个支柱中，有两个支柱来自经营资产，一个支柱来自非经营资产。

本章我们讨论一下资产结构与利润结构的结构性盈利能力差异问题。

经营资产和非经营资产的获利能力

1. 经营资产报酬率与非经营资产报酬率

只要你把任何一个企业的平均经营资产与这个企业同一时期的核心利润加其他收益进行比较，你就能得到**经营资产报酬率**：

表 10-1　三张报表的资产结构、利润结构、现金流量结构基本对应关系
（合并利润表项目中加了其他收益）

合并资产负债表项目	合并利润表项目	合并现金流量表项目
经营资产（包括应收票据、应收账款、应收款项融资、预付款项、存货、合同资产、固定资产、在建工程、生产性生物资产、无形资产和商誉等）	营业收入、核心利润与其他收益（核心利润等于营业收入减去营业成本，再减去税金及附加、销售费用、管理费用、研发费用和利息费用）其他收益主要由政府补贴构成。企业获得的政府补贴有的与营业收入有关，有的与资产有关，实质上是与企业的经营活动有关，因此这里将其他收益归入经营资产带来的收益（另外，企业收到的政府补贴在现金流量表中归入经营活动产生的现金流量）	经营活动产生的现金流量净额
非经营资产（包括货币资金、交易性金融资产、衍生金融资产、一年内到期的非流动资产、债权投资、长期股权投资等）	杂项收益（即利息收入、投资收益、公允价值变动收益之和）	利润表中利息收入带来的现金部分计入经营活动产生的现金流量；利润表中部分投资收益带来的现金计入取得投资收益收到的现金

经营资产报酬率=（年度核心利润+年度其他收益）÷年度内平均经营资产×100%

同样，你把任何一个企业的平均非经营资产与这个企业同一时期的杂项收益进行比较，你就能得到**非经营资产报酬率**：

非经营资产报酬率=杂项收益÷年度内平均非经营资产×100%

你会发现，无论什么样的企业，其合并报表中的这两类资产的报酬率一定都是不同的。当然，这两类资产的报酬率情况，无非是这几种情况：第一种是经营资产报酬率明显高于非经营资产报酬率，经营

资产的盈利能力明显高于非经营资产的盈利能力；第二种是非经营资产报酬率明显高于经营资产报酬率，非经营资产的盈利能力明显高于经营资产的盈利能力；第三种是这两种资产的盈利能力大体相当。实际上，属于第三种情况的公司非常少见。我们下面主要讨论前两种情况产生背后的机理。

2. 常见的两种情况

无论是哪种情况，都有可能反映了企业在竞争力方面的一些特征。

（1）经营资产报酬率明显高于非经营资产报酬率

就我所见，在大多数企业的合并报表中，经营资产往往占资产总额的50%以上。这种资产结构，应该意味着企业的资源配置是聚焦在经营活动上的。当经营资产报酬率明显高于非经营资产报酬率的时候，企业应该可以通过自己在市场上的产品或服务提供、争取政府补贴等方面的努力获得较好的投资回报，其产品或者服务在市场上具备一定的盈利竞争力。

另外，我们也已经体会到，非经营资产包括了货币资金和各种投资，而其中的货币资金一般很难产生较高的利息收入——当企业合并报表中的货币资金过高的时候，其非经营资产的盈利能力很难达到特别高的水平。

如果一个企业合并资产中的货币资金规模长期过高，企业非经营资产的报酬率就可能长期处于较低状态。因此，非经营资产报酬率较低，极有可能是企业货币资金形态的资产在非经营资产中的比重较高导致的。这往往意味着企业需要对货币资金等非经营资产尽快进行战略性应用。

（2）非经营资产报酬率明显高于经营资产报酬率

非经营资产报酬率明显高于经营资产报酬率的企业，往往处于经营资产结构失衡或者产品或服务的市场竞争力不强的状态。

合并经营资产结构失衡，可以从两个方面来认识。

第一，非并购状态下经营资产结构失衡。非并购状态下的经营资产结构失衡往往表现为非流动经营资产中在建工程建设周期过长、固定资产规模增长速度远远高于企业营业收入增长速度。请注意，企业在建工程虽属于经营资产，但不会有推动营业收入增长的能力；规模增长速度远远高于营业收入增长的固定资产极有可能与营业收入没有什么关系或者关联度较低。如果一个企业的经营资产持续不能推动实现预期规模的营业收入并获得正的核心利润，企业就有可能处于产能过剩的状态。

> 需要注意的是，产能过剩至少可以有两种状态：一种是全行业产能过剩。在全行业产能过剩的情况下，全行业整体处于亏损状态。另一种是特定企业的产能过剩，是指特定企业某类业务的资源储备过高，市场对其产品或者服务需求不足，其在特定行业的产品或服务业务持续处于亏损的状态。

当特定企业出现产能过剩的时候，特定企业往往会出现固定资产（原值）周转速度持续下降、存货周转速度持续下降、产品毛利率持续下降以及与特定行业业务相关的核心利润持续出现亏损的财务表现。

这往往意味着企业的产品经营策略需要调整，或者意味着以前的投资决策出现了失误。

第二，并购状态下经营资产结构失衡。并购状态下经营资产结构失衡需要关注的资产主要是商誉和无形资产中因并购导致的增值部分。

企业通过非同一控制企业收购，可以迅速实现营业收入规模的扩大、结构的扩展以及地域的布局等战略目标。但是，收购是有代价的。在非同一控制企业收购条件下，出售企业控制权的一方将在净资产被评估后（评估后的价值一般被称为公允价值），以高于净资产评估价值（当然要按照交易股权的百分比计算所售净资产公允价值）的交易价格（交易价值）卖出，或以低于净资产评估价值的交易价格卖出，或按照净资产评估价值将控制权卖出。

在出售方以高于净资产评估价值的交易价格卖出控制权的时候，交易价值（A）高于净资产按照股权交易百分比确定的公允价值（B）的部分，就是收购方在收购过程中所形成的商誉——商誉实际上是购买方所付出的超过被收购企业净资产公允价值的额外代价，因而是一个重要的风险点。

控制权交易中产生商誉具有正常的成分：被收购企业净资产的评估价值可能忽略了一些不可辨识资产的价值，而这些资产对企业未来的经营活动以及盈利能力可能是至关重要的。因此，在交易中收购方对被收购方的股东进行超过评估价值的额外补偿具有合理成分。

在出售方以低于净资产评估价值的交易价格卖出控制权的时候，交易价值（A）低于净资产按照股权交易百分比确定的公允价值（B）的部分，就是收购方在收购过程中所产生的负商誉。这种情况在实践中较为少见。并购中出现负商誉，可能的原因为：评估师对被收购企业的评估价值过高，收购方仅愿意按照低于评估价值的价格进行交易；或者是站在收购者的立场，被收购企业的部分资产对未来的贡献度较低，与收购方未来利用被收购企业的意图有冲突；或者是卖方的股东急于将企业的控制权卖出变现，买方借此压低了交易价格等。

在出售方按照净资产的评估价值将控制权卖出的情况下，控制权收购交易在买方那里不产生商誉。你千万不要以为商誉低或者没有商誉，买方就捡了大便宜。

实际上，从商誉的产生机制你应该体会到：被收购企业净资产的公允价值与交易价值决定了商誉的高低。当公允价值高到与交易价值相等的时候，商誉就变成零了。

我想说的是：在非同一控制企业间的收购交易中，在买方的商誉为零的时候，与商誉有关的风险悄然转移到了被收购企业资产可能被虚高估计的公允价值上去了，而且这个项目大概率是无形资产。

> 强调一下：如果一家企业收购另一家企业的控制权，你要特别关注此次收购产生了多少商誉，以及无形资产评估值增加了多少。
>
> 当企业靠并购来实现营业收入增长，且代价过大的时候，企业经营资产的报酬率就很难提高了。
>
> 另外也要指出：非经营资产盈利突出的企业，有可能在各种投资的管理上有较强的能力。

我们前面看到的复星医药的杂项收益对营业利润的连续性贡献，就彰显了复星医药在各类投资管理方面的竞争力。

复星医药的强项是经营还是并购

我们在前面看得很清楚：在复星医药2023年营业利润的构成中，支撑企业营业利润的主体是由非经营资产带来的杂项收益，而不是营业收入带来的核心利润以及主要由政府补贴构成的其他收益。现在我们进一步考察一下，它的资产结构是怎样的，为什么它的营业收入不能带来更多的利润呢？

我把复星医药2023年年报中的合并资产负债表中的资产整理如表10-2。

表10-2 复星医药资产负债表中的资产项目

单位：万元

报表类型	2023-12-31 合并报表	2022-12-31 合并报表
流动资产：		
货币资金	1,369,359	1,624,131
交易性金融资产	188,850	92,853
应收票据及应收账款	766,823	761,294
应收票据	2,449	2,484
应收账款	764,374	758,810
应收款项融资	64,257	55,893
预付款项	88,458	160,747
其他应收款（合计）	62,666	59,884
应收股利	1,475	1,968
应收利息		
其他应收款	61,191	57,916
存货	753,777	688,243
合同资产	14,589	
持有待售的资产		41,958
其他流动资产	70,479	42,915
流动资产合计	3,379,257	3,527,918
非流动资产：		

(续)

报表类型	2023-12-31 合并报表	2022-12-31 合并报表
其他权益工具投资	5,277	1,545
其他非流动金融资产	104,011	238,883
长期应收款	8,532	9,166
长期股权投资	2,391,940	2,314,477
固定资产（合计）	1,512,937	1,026,786
固定资产	1,512,937	1,026,786
在建工程（合计）	493,828	489,670
在建工程	492,453	489,482
工程物资	1,375	187
使用权资产	217,174	86,354
无形资产	1,348,202	1,247,106
开发支出	389,611	345,426
商誉	1,085,200	1,033,705
长期待摊费用	77,881	55,423
递延所得税资产	62,447	44,257
其他非流动资产	270,663	295,675
非流动资产合计	7,967,704	7,188,473
资产总计	11,346,960	10,716,391

在表 10-2 中，典型的非经营资产包括货币资金、交易性金融资产、其他权益工具投资、其他非流动金融资产和长期股权投资等项目。在 2023 年 12 月 31 日，上述非经营资产项目加在一起约为 406 亿元，占当日资产总计 1135 亿元的 35.77%。年初的情形则是，在资产总计 1072 亿元中，上述几个非经营资产项目的规模合计为 427 亿元，占年初资产总计的 39.83%。

结合年初、年末非经营资产在资产总计中的占比，可以确定复星医药在年度内的平均非经营资产不超过资产总计的40%。

我再把复星医药2023年年报中的合并利润表中营业利润的"三支柱"整理如表10-3。

表10-3 复星医药营业利润"三支柱"的结构

单位：万元

报表类型	2023年 合并报表	2022年 合并报表
核心利润	−22,504	228,888
其他收益	46,354	38,415
杂项收益	343,826	216,211
"三支柱"带来的营业利润合计	367,675	483,514
营业利润	330,751	465,666

以上面的数据为基础，我们不用计算经营资产报酬率和非经营资产报酬率就可以看出来哪部分资产的盈利水平高：从营业利润"三支柱"的结构看，连续两年，杂项收益占"三支柱"带来的营业利润合计的比重均显著高于非经营资产占资产总计的比重。其中，2022年杂项收益还因为公允价值变动收益出现巨额亏损的冲击而减少了20多亿元。在2023年，企业非经营资产带来的利润已经占"三支柱"带来的营业利润合计比重的绝大部分了。而此时，营业收入带来的核心利润已经出现了亏损，由于政府补贴的出现，才使得前两个支柱之和贡献了微不足道的利润。

那么，为什么占资产总计比重较低的非经营资产能够持续不断带来较高的利润？我在前面已经讲过：企业在投资管理方面应该有较强的能力。

而经营资产整体的规模占资产总计的比重一直在60%以上，为什么对利润的贡献越来越不行了？

答案就在企业的资产规模和结构里。

企业的非流动经营资产中，商誉在逐年增长，无形资产也在不断增长。这两项无形化的资产增长主要是由并购带来的，且在2023年年末的规模超过240亿元，占年末经营资产的比重非常高。这意味着复星医药在不断通过并购其他企业来维持其合并报表营业收入的增长（实际上，在2023年有新并购发生的情况下，企业的营业收入却出现了下降的趋势）。

并购在能够为企业短时间内的营业收入增长做出重要贡献的同时，也导致了商誉增加、资产无形化、经营资产泡沫化的问题，以及企业营销整合、研发整合等方面的问题。对这些问题的解决力度如果不够，结果就会是"热闹"了营业收入，"热闹"了商誉，"热闹"了无形资产，但经营资产推动的营业收入规模、毛利率、各项费用率以及核心利润等都可能会出现不理想的情况。复星医药的经营资产盈利能力不强应该与公司以并购为主的发展战略有直接关联。

这就是说，复星医药的强项是：在经营资产管理方面，企业以融资便利为基础，通过不断并购来提升利润表营业收入的规模；在非经营资产管理方面，企业通过不断强化投资管理而持续获得强力支撑企业业绩所需的杂项收益，且成效显著。

但是，企业高质量的持续发展应该聚焦经营活动，截至2023年年末，复星医药的软肋就在于经营活动的市场竞争力。**如果企业通过并购"凑"出来的经营活动长期不能形成具有竞争性的市场地位，营业收入带来核心利润的能力迟迟不能改善，那就不是一个价值创造型企业，而是价值整合型企业。**

当然，如果复星医药并购的企业中有的具有极强的市场能力，则复星医药未来的经营活动同样可以释放出很好的业绩。

请持续关注复星医药未来的财务走势。

■■■

本章重点讨论了企业资产的结构性盈利能力与企业的竞争力问题。

根据我对资产结构与营业利润结构的关联分析，资产的结构性盈利能力反映了企业的相关资产的竞争力。

相信通过本章的学习，你对企业资产结构、营业利润结构与企业竞争力的关系有了一定的认识。

留一个作业：对上市公司天融信 2023 年年度报告中的合并资产负债表与合并利润表中营业利润的"三支柱"进行结构性比较分析，看看企业不同资产结构的盈利状况，体会一下企业的竞争力。

第 11 章　合并利润表

从核心利润的获现能力看竞争力

盈利与赚钱是两回事儿

在日常聊天的过程中,我们可能忽略盈利与赚钱的关系。

如果你没有财报基础,你可能认为盈利就是赚钱,有利润就一定有相应的货币资金与之对应。

但实际上,我们接触的三张报表各自展示了企业财务状况的不同方面:资产负债表展示了企业在特定时间节点所拥有或者控制的经济资源,代表了企业所拥有的财力以及这些财力的来源(股东入资、利润积累、债务融资和经营性负债等),可以将其称为企业财务状况的"底子";利润表则展示了企业在一定时期内向市场提供的产品或劳务的业务规模和利润状况,是企业在一定时期内的财务业绩的集大成者,可以将其称为企业财务状况的"面子",企业在一定时期内的奋斗目标往往会量化成利润表中的营业收入、营业利润、净利润等;现金流量表则展示了企业在一定时期内各类货币资金的流入流出情况,因而可以将其称为企业财务状况的"日子"。

> 总结一下,判断企业有没有财务实力要看资产负债表,判断企业有没有盈利能力要看利润表,判断企业有没有赚钱能力要看现金流量表。

一般来说,盈利与赚钱的关系可以用三句话来概括。

第一句话:企业利润表中营业收入增加不等于现金流量表中销售商品、提供劳务收到的现金增加。

如果你对企业销售过程有所了解,你就会看到,不同企业的产品或服务提供的过程与现金增加有不同的对应关系。

第一种对应关系:企业在产品销售(或服务提供)出去的同时收到现金。想象一下理发店提供理发服务和超市提供商品的场景——理发店和超市就是企业。当理发店和超市向顾客提供理发服务或者向顾客销售商品的时候,几乎在完成服务和销售的同时,它们就会收到服务费或者销售货款。这就是钱货两清的交易。此时,营业收入与经营活动产生的货币资金流入量是相等的。但是,大宗交易的结算方式往往不是这样的。

第二种对应关系:企业把产品销售(或服务提供)出去的时候并没有收到现金,而是获得在未来收取现金的证据。在大宗交易过程中,企业经常采用赊销的方式。在会计上,如果企业所提供的产品或者服务的过程已经完成,与企业提供产品或者服务相对应的营业额就要在利润表上确认为营业收入。显然，此时企业的营业收入增加只对应着债权增加——企业拥有未来获得现金流入量的权利。在财务报表的表现上，赊销情况下利润表中的营业收入会比较活跃，但现金流量表中的销售商品、提供劳务收到的现金项目在现金收到前会比较安静。此时，企业就处于有营业收入、没有现金流量的情况。

第三种对应关系：企业在把产品销售（或服务提供）出去之前就收取顾客或者买方预先支付的预付款。由于企业还没有提供产品或者服务，因而在收到预收款的时候增加的货币资金对应的是负债（而不是利润表中的营业收入）的增加，具体地说，是预收款项或合同负债（在日常分析中，可以将合同负债视同预收款项）的增加。此时企业处于没有收入但有现金流入的情况。

第二句话：企业利润表中的各项成本和费用的增加不等于现金流量表中购买商品、接受劳务支付的现金及其他各项经营活动现金流出量的增加。

利润表中与核心利润计算有关的成本、费用项目有营业成本、税金及附加、销售费用、管理费用、研发费用和利息费用等项目。在这些项目中，税金及附加应该直接导致企业经营活动现金流出量的发生。除了税金及附加以外的其他项目中的折旧费、无形资产摊销费并不引起现金流出量的发生，工资、薪金和福利等基本上会引起经营活动现金流出量的发生，而外购材料、燃料消耗是否会引起相应的现金流出量发生，则取决于企业在材料、燃料等采购过程中的结算方式：如果以预付款项为主去采购材料和燃料，则企业在计算核心利润中减掉的成本和费用中的材料、燃料消耗会引起更大规模的经营活动现金流出量；如果以赊购为主去采购材料和燃料，且企业存货周转速度显著快于企业的购货付款速度，则企业在计算核心利润中减掉的成本和费用中的材料、燃料消耗就不会引起很大规模的经营活动现金流出量。

因此，企业计算核心利润减掉的各项成本、费用在整体上不会等于各个项目产生的经营活动现金流出量。

如果企业在上述成本费用中的折旧费、无形资产摊销费占比较大，或者企业在材料、燃料的采购过程中对供应商在价格条件和货款支付时间方面居于主导地位，企业就会出现上述成本费用高、相应项目引起的经营活动现金流出量低的情况。

第三句话：企业利润表中核心利润的规模不等于现金流量表中经营活动产生的现金流量净额的规模。

有了前面两句话，第三句话就自然成立了。

在第三句话的内涵中，除了前面谈到的核心利润与经营活动产生的现金流量净额之间的差异外，还有两个项目导致核心利润与经营活动产生的现金流量净额存在口径上的差异。

第一个项目是其他收益。我们在前面已经知道，其他收益的主体是政府补贴收入。在本书核心利润的计算中没有包括其他收益，但其他收益产生的现金流量在现金流量表中归入经营活动产生的现金流量。

第二个项目是利息费用。在本书中，利息费用是作为一个减少核心利润的项目进行计算的。但利息费用产生的现金流出量则属于筹资活动产生的现金流出量。

> 因此，综合考虑核心利润与经营活动产生的现金流量净额之间的差异，我提出这样的判断：具有较好经营活动产生现金流量能力的企业，其核心利润加其他收益应该能够带来更高的经营活动产生的现金流量净额。两者之间较为理想的关系应该是：

> 经营活动产生的现金流量净额≥1.2×(核心利润＋其他收益)

我提出这样一个数量对应关系，一是基于这两个项目之间的内在联系，二是考察了大量企业。

> 需要注意的是，并不是所有的企业都应该符合这样的理想状态。最应该符合这种关系的企业，其存货周转速度应该大于等于每年2次。存货周转速度低于每年2次的企业，由于经营周期较长，应该在每个经营周期内（而不是每个年度内）保持这种关系。
>
> 总结一下：盈利是盈利（看利润表），赚钱是赚钱（看现金流量表）。一个发展态势良好的企业，应该是既能盈利，又能赚钱，且赚钱的规模要大于核心利润加其他收益。

问题来了：有的企业核心利润加其他收益挺高的，但经营活动产生的现金流量净额远远跟不上，甚至是负数，这是怎么回事儿？

在很多情况下，企业会由于各种原因出现经营活动产生的现金流量净额显著低于核心利润加其他收益之和的情况。这些原因可能是：

第一，企业为了达到利润表的营业收入目标，大量采取赊销甚至虚假销售的办法来"促销"，从而导致营业收入增加所对应的不是货币资金增加而是应收账款增加。

第二，企业在材料、燃料的采购过程中不能进行赊购，而只能通过向供应商提前支付预付款项的方式采购货物。

第三，企业大量资金被关联方占用，被关联方占用的资金本来与经营活动没有关系，但在编制现金流量表的时候，被关联方占用的资金往往被归入经营活动现金流出量。

第四，政府补贴方面，只是确认补贴收入增加其他收益，但政府暂时没有进行现金支付，从而导致有补贴收入的利润增加，没有现金流量的跟进。

中芯国际和吉林敖东的盈利能力与赚钱能力分析

下面我们用两个公司的数据，看看它们在盈利与赚钱方面的竞争力。

1. 中芯国际的盈利能力与赚钱能力

我们先看看中芯国际 2023 年年报中利润表和现金流量表的相关数据（见表 11-1）。

表 11-1　中芯国际 2023 年年报中利润表和现金流量表的相关数据

单位：万元

报表类型	2023 年 合并报表	2022 年 合并报表
营业收入	4,525,043	4,951,608
营业成本	3,534,630	3,055,267
税金及附加	22,266	27,159
销售费用	25,406	22,568
管理费用	315,289	304,158
研发费用	499,155	495,303
利息费用	147,973	85,031
核心利润	-19,677	962,123
其他收益	257,728	194,639

（续）

报表类型	2023 年	2022 年
	合并报表	合并报表
核心利润 + 其他收益	238,051	1,156,761
经营活动产生的现金流量净额	2,304,776	3,659,121

注：核心利润为作者计算。

表 11-1 展示的数据显示，在 2023 年，企业营业收入显著下跌、营业成本则显著提高。不用计算你就应该能够体会出来：企业的毛利率大幅度下降了。在毛利率、毛利额大幅度下降的情况下，企业的核心利润已经变成负数了，只是依靠其他收益维持了核心利润加其他收益的正数。

比较一下中芯国际 2023 年核心利润构成诸项目的变化：除了营业收入以及税金及附加在 2023 年出现下降外，其他计算核心利润的成本和费用项目在 2023 年都在上升，并导致核心利润出现亏损。这意味着一年内，企业面临的经营环境可能出现了较大的不利于该企业发展的变化：一切的努力（销售费用、管理费用和研发费用的增加一般意味着企业在营销、管理和研发上在积极推动相关工作）都没有能够使企业营业收入得到提升。

但与此同时，企业 2023 年"**经营活动产生的现金流量净额**"的规模虽然比 2022 年有显著下降，但与核心利润加其他收益之和相比，2023 年核心利润加其他收益整体带来经营活动产生的现金流量净额的能力比上年还提高了。

这意味着，企业的营业收入和盈利能力虽然出现了波动，但经营活动现金管理整体还是不很错的。

2. 吉林敖东的盈利能力与赚钱能力

下面我们再看看上市公司吉林敖东 2023 年年报中的相关数据（见表 11-2）。

表 11-2 吉林敖东 2023 年年报中利润表和现金流量表的相关数据

单位：元

报表类型	2023 年 合并报表	2022 年 合并报表
营业收入	344,912	286,821
营业成本	175,118	140,081
税金及附加	4,643	4,277
销售费用	102,033	86,214
管理费用	33,334	31,901
研发费用	12,498	8,568
利息费用	14,435	14,299
核心利润	2,850	1,481
其他收益	9,419	8,256
核心利润 + 其他收益	12,269	9,737
经营活动产生的现金流量净额	6,806	42,386

注：核心利润为作者计算。

表 11-2 展示的数据显示，在 2023 年，企业营业收入显著提升、毛利率略有下降、毛利额有所提升（这些都不用计算，直接观察就能看出来）。在毛利率略有下降、毛利额有所增加的情况下，企业的核心利润比上年有较大幅度提升，但规模有点小，远远不如企业的其他收益多。企业依靠核心利润与其他收益的双推动，实现了核心利润加

其他收益的大幅度增长。

比较一下吉林敖东 2023 年核心利润构成诸项目的变化：所有计算核心利润的收入、成本和费用项目在 2023 年都在上升，共同推动并实现了企业 2023 年核心利润大幅度增加但规模并不大的财务业绩。从变动较大的项目来看，企业在 2023 年内，主要靠营销和研发的双重努力实现了营业收入与核心利润的双增长。

但与此同时，企业 2023 年"经营活动产生的现金流量净额"的规模不仅比 2022 年有显著下降，与自身 2023 年核心利润加其他收益之和相比，2023 年核心利润加其他收益整体带来经营活动产生的现金流量净额的能力比上年出现了大幅度下滑。

这就是说，企业虽然在 2023 年表现出营业收入和盈利能力提升（与上年比）的态势，但经营活动产生的现金流量净额却出现了大的滑坡（比其他收益还低）。这意味着，企业盈利能力虽有所提升，但牺牲了赚钱能力。

为什么是这样的情况呢？从费用结构中可以看到，企业销售费用增长的规模是很大的——企业在加大营销力度，推动营业收入增长。作为一种手段，企业极有可能通过加大赊销的方式实现营业收入的快速增长：赊销多了，营业收入上去了，与销售收入有关的钱就别着急要了。

企业经常要做的是，在营业收入、核心利润等方面的竞争力与核心利润带来经营活动产生的现金流量净额的竞争力之间保持平衡。过度追求一方面的竞争力，可能会失去另一方面的竞争力。

竞争优势明显的企业，既要有盈利能力的持续改善，又要有现金流量赚取能力的保持。

∎∎∎

本章重点讨论了企业的盈利能力、赚钱能力及竞争力问题。

需要强调的是：企业的盈利能力与赚钱能力是不同的，前者看利润表，后者看现金流量表。

相信通过本章的学习，你对企业盈利能力、赚钱能力与竞争力的关系有了一定的认识。

留一个作业：比较上市公司格力电器2022年和2023年年度报告中的合并利润表与合并现金流量表的相关数据，体会企业盈利能力与赚钱能力的关系，并体会企业的相关信息展示出的竞争力。

第 12 章　从经营性营运资本管理看竞争力

在考察企业偿债能力的时候,你会发现主流分析往往关注流动资产与流动负债之间的数量对比关系。

当人们谈到营运资本的时候(国内文献中经常将其称为营运资金,在实际运用中,营运资本就是营运资金),一般指的是流动资产减去流动负债后所得到的净额,实际上指的是流动资产与流动负债的对应关系。如果流动资产小于流动负债,人们就认为企业的营运资本为负数,意味着企业在账面上的流动资产还不能偿还其流动负债。当人们谈论流动比率的时候,指的是流动资产与流动负债相比所形成的比率。

$$流动比率 = 流动资产 \div 流动负债$$

很显然,如果从概念出发,某企业流动资产如果在与流动负债的数量对比中规模比较小,则该企业就会给人以流动资产对流动负债的保证程度不足——企业短期偿债能力不足的印象。

实际上，简单通过计算比率来确定企业的营运资本状况可能会得出相反的结论。

对流动资产与流动负债重新分类

我先展示一下上市公司宁德时代2023年年报中合并资产负债表的部分内容（见表12-1）。

如果按照表12-1的数据来计算2023年年初、年末宁德时代的流动比率的话，你会觉得宁德时代的流动比率不高，流动资产对流动负债的保证程度不高。

为什么这么说呢？因为在美国的教科书中，一般认为流动比率能够达到2∶1就比较理想了：企业的流动资产对流动负债的保证程度是比较高的，因而企业在短时间内的债务压力是不大的。

但是，如果把报表中的会计概念绝对化，忽视流动资产和流动负债的内在结构，可能会对企业的短期偿债能力得出相反的评价。

举两个极端的例子。

假设一个成立时间不长的企业账上的钱全是股东给的，没有任何的债务融资。企业的经营活动非常简单，它就是一个贸易公司。由于成立时间不长，企业自身的商业信用还没有建立起来，因而用于销售的存货采购只能采取先打预付款、后收取存货的方式来完成；存货销售又不敢收预收款，为了尽快实现存货的快进快出，企业大量采用赊销的方式来经营。

这样，企业的流动资产就会出现应收账款比较多、存货比较多的情形。与此同时，流动负债中与预收款销售有关的预收款项及合同负债（强调一下，对于本书读者而言，记住一点：预收款项与合同负债

表 12-1　宁德时代流动资产与流动负债

单位：万元

报表类型	2023-12-31 合并报表	2022-12-31 合并报表	报表类型	2023-12-31 合并报表	2022-12-31 合并报表
流动资产：			流动负债：		
货币资金	26,430,651	19,104,341	短期借营	1,518,101	1,441,540
交易性金融资产	777	198,133	衍生金融负债	394,141	
衍生金融资产		57,564	应付票据及应付账款	19,455,371	22,076,444
应收票据及应收账款	6,577,226	6,149,260	应付票据	7,751,494	12,622,947
应收票据	175,172	352,608	应付账款	11,703,877	9,453,498
应收账款	6,402,053	5,796,652	预收款项		
应收款项融资	5,528,932	1,896,571	合同负债	2,398,235	2,244,479
预付款项	696,287	1,584,328	应付职工薪酬	1,484,625	947,602
其他应收款（合计）	343,856	867,838	应交税费	1,174,183	479,244
应收股利	42,598		其他应付款（合计）	1,365,400	1,501,407
应收利息			应付利息		
其他应收款	301,258	867,838	应付股利	2,992	832
存货	4,543,389	7,666,890	其他应付款	1,362,409	1,500,575
合同资产	23,396	17,486	一年内到期的非流动负债	700,887	723,222
一年内到期的非流动资产	5,683	40,371	其他流动负债	209,163	162,203
其他流动资产	828,602	1,190,703	流动负债合计	28,700,107	29,576,142
流动资产合计	44,978,800	38,773,486			
流动比率	1.56	1.31			

合在一起反映企业预收款的情况）、与赊购存货有关的应付票据和应付账款都是零。流动负债将主要由应付职工薪酬和应交税费构成，相比于流动资产，流动负债的规模很小。

体会一下此时企业的流动比率。企业的流动比率一定是比较高的。这样一个完全靠股东入资支持、没有市场竞争力和通过经营活动收取现金能力较弱的企业，居然流动比率很高，是不是有点误导人？如果企业的应收账款最后收不回来，大量的债权就会变成坏账。到那个时候如果股东入资花完了，则企业不用说交税，就是连工资都可能发不出去。

再看另一个极端的企业。假设企业流动资产只有一项——存货，其规模为2亿元；流动负债也只有一项——预收款项，其规模为10亿元。至于为什么企业预收款达到了10亿元但账上却没有货币资金，则可能是收到的钱已经用在了购建固定资产上了。

如果此时计算这个企业的流动比率，你会感觉企业的短期偿债能力极弱：流动资产与流动负债的比为1∶5，实在是太低了。

但我如果告诉你，这个企业的存货增值能力极强，毛利率达到了90%以上（贵州茅台的产品毛利率就长期达到90%以上），且非常俏销，在销售过程中只收取预收款，概不赊欠。

这样，表面上的存货1亿元实际上可以冲抵预收款项的10亿元。企业现存的2亿元存货中，拿出1亿元冲抵预收款，还会剩余1亿元的存货。这部分存货还会给企业带来另一个10亿元预收款的真金白银。

我举的两个极端的例子在现实生活中并不多见，但也不是完全不可能出现。

在唯比率分析的条件下，流动比率的计算如果应用在上述两个例子中，就会误导你的判断。

怎么解决这个问题呢？下面我从营运资本的结构进行分析。

从结构和性质来看，营运资本可以分为**经营性营运资本**和**非经营性营运资本**。

1. 经营性营运资本

在营运资本里面，与经营活动有关的流动资产项目包括：应收票据、应收账款、应收款项融资、预付款项、存货、合同资产等。这部分营运资本与经营活动直接相关。

在流动资产中，有两个项目是否具有经营性质是存疑的。

（1）其他应收款

其他应收款是指企业在日常活动中形成的各种其他债权，如企业应收的各种违约金、赔款、职工个人借款以及企业对其他业务伙伴的财务资助（就是给其他业务伙伴提供的资金）等。显然，其他应收款不是预付产品或劳务的预付款，也不是应收销货款，但与日常经营活动有关联。

一般来说，正常的其他应收款占资产总额的比重不会很大。

但有的时候，其他应收款规模会比较大。如果母公司的其他应收款规模比较大，且合并报表的其他应收款的规模显著小于母公司其他应收款，则差额就是母公司向子公司提供资金的基本规模，这就属于投资资产了；如果合并报表的其他应收款规模比较大，大到其他应收款的规模显著高于资产总计的1%，你就要警惕了：这种情况极有可能是控股股东和关联方占用企业资金、掏空企业造成的。

我们看看辅仁药业2019年合并资产的情况（见表12-2）。

表 12-2　辅仁药业其他应收款的规模变化

单位：元

报表类型	2019-12-31 合并报表	2018-12-31 合并报表
流动资产：		
货币资金	37,388,955	1,656,364,889
应收票据及应收账款	3,771,150,990	2,931,802,812
应收票据	133,373,499	93,268,149
应收账款	3,637,777,491	2,838,534,663
应收款项融资	2,179,798	
预付款项	699,201,081	424,259,711
其他应收款（合计）	1,820,627,523	17,426,847
应收股利		
应收利息		
其他应收款	1,820,627,523	17,426,847
存货	357,334,073	604,414,455
其他流动资产	31,630,030	42,375,042
流动资产合计	6,719,512,450	5,676,643,757
非流动资产：		
可供出售金融资产		2,057,508
其他权益工具投资	2,057,508	
长期应收款	6,262,803	28,673,858
长期股权投资		
投资性房地产	8,844,925	13,028,579
固定资产（合计）	3,783,249,407	3,780,878,484
固定资产	3,783,249,407	3,780,878,484
在建工程（合计）	848,752,583	834,356,123
在建工程	847,519,648	833,021,414

（续）

报表类型	2019-12-31 合并报表	2018-12-31 合并报表
工程物资	1,232,935	1,334,709
无形资产	241,432,525	260,878,549
开发支出	9,431,824	10,131,824
递延所得税资产	73,393,958	55,759,605
其他非流动资产	43,051,739	54,964,384
非流动资产合计	5,016,477,273	5,040,728,914
资产总计	11,735,989,723	10,717,372,671

表12-2显示，辅仁药业合并资产总计在2019年年底的规模比年初增长了，似乎资产实力在增强；流动资产合计在2019年年底的规模比年初也增长了，似乎流动资产的流动性更强了。

其实不然。

在这一年内，资产规模虽然增长了，但结构却出现了极大恶化：比较资产各个项目年末和年初的变化，你就会发现，在年度内规模变化最大的项目有两个，一个是货币资金，到年底钱几乎没有了；另一个是其他应收款巨幅增加。逻辑关系就是货币资金变成了其他应收款！

其他应收款是什么质量的资产呢？我告诉你，其他应收款如果规模过大（一般企业合并资产中其他应收款的规模超过资产总额1%就算大），则过大的其他应收款极有可能是关联方占用的资金。如果真是如此的话，应该意味着从这个时候开始，辅仁药业就沦为了关联方的提款机了。

实际上辅仁药业就是按照这个路径往前走的，在关联方的不断"推动"下，它在2023年5月22日终于宣布退市了。

所以要高度警惕合并报表中其他应收款突然增加可能给企业带来的巨大伤害。

（2）其他流动资产

就我所见，其他流动资产主要由两部分组成：一是与企业的具有预先缴纳性质的税金有关，这部分显然与经营活动有关；二是与企业具有投资性质的资金有关，如大额存单、结构性存款等，这部分就与经营活动无关了。

> 一般来说，如果母公司根本没有或者只有很少的经营活动，则具有经营性质的其他流动资产就不会多，此时如果母公司具有较大规模的其他流动资产，这些其他流动资产就应该属于投资资产；在合并报表中，如果企业具有较大规模的其他流动资产，就要查阅其他流动资产附注，看一下具体结构。

下面我们看看格力电器2023年合并资产中其他流动资产的结构（见表12-3）。

表12-3　格力电器其他流动资产结构

单位：万元

报表类型	2023-12-31 合并报表	2022-12-31 合并报表
待抵扣进项税及预缴税费	222,593	205,799
债券产品	10,000	
货币性投资产品	2,205,940	241,500
其他	18,103	18,923

(续)

报表类型	2023-12-31 合并报表	2022-12-31 合并报表
小计	2,456,636	466,222
加：应计利息	34,111	7,266
减：减值准备	3,853	3,030
合计	2,486,894	470,458

表 12-3 显示：在 2023 年年末，与具有预先缴纳性质的税金相关的金额只有 22.26 亿元，这属于经营资产，而其他流动资产的主体是具有投资性质的资金（债券产品就是债券投资，货币性投资产品更是投资）。

当然，如果其他流动资产占资产总计的比重较小，可以忽略其经营或者投资的性质归属。但如果其他流动资产占资产总计的比重较大，就不能忽略其经营或者投资的性质归属，就要查阅其他流动资产的附注，看一下有多少属于经营资产，有多少属于投资资产。

2. 非经营性营运资本

非经营性营运资本包括企业的货币资金、各项流动资产中的投资项目以及流动负债中的各项融资性负债项目。典型的非经营性营运资本包括货币资金、交易性金融资产、衍生金融资产、一年内到期的非流动资产、其他流动资产中的投资性资产，以及流动负债中的短期借款、交易性金融负债、应付短期债券、一年内到期的非流动负债等。

在很大程度上，非经营性营运资本与经营活动没有直接关系，而与企业的债务融资管理、货币资金管理以及短期投资管理有关。

真正反映企业经营竞争力的是经营性营运资本。

我们回过头来再看一下表 12-1 展示的宁德时代合并报表中营运资本的结构情况。

我们以 2023 年年末的数据来做说明。

在 2023 年年末将近 4,500 亿元的流动资产中，仅货币资金一个项目就达到了 2,643 亿元，即使其他非经营项目（如交易性金融资产、一年内到期的非流动资产以及其他流动资产中可能的投资性项目）都归于经营资产，也不影响我们的分析：企业流动资产中，大量资产属于非经营流动资产，几项经营性流动资产（姑且把其他流动资产归于经营性流动资产）的规模约为 1,855 亿元。

在 2023 年年末 2,870 亿元的流动负债中，典型的非经营性营运资本项目为短期借款、衍生金融负债以及一年内到期的非流动负债。上述三个项目的合计约为 260 亿元，剩余的经营性流动负债达到了约 2,610 亿元！

这还了得！区区 1,855 亿元的经营性流动资产怎么能够应对 2,610 亿元的经营性流动负债？这偿债风险是不是太高了？

我要告诉你的是：这种对应关系，不是企业面临的债务风险，而是企业拥有的竞争优势！

在下一节，我将对这个问题进行分析。

经营性营运资本的管理策略

我在前面曾经讲过，企业经营性营运资本管理才与竞争力有关。

仔细看看**经营性流动资产**和**经营性流动负债**的主要项目。

一般来说，我们不会说企业欠税务部门的钱越多（表现为应交税费持续走高）越有竞争力，我们也不会说企业拖欠员工的钱越多（表现为应付职工薪酬持续走高）越有竞争力。实际上，企业如果业务（营业收入）增长快、盈利能力强（核心利润高、净利润高），企业的应交税费和应付职工薪酬就会持续走高。

> 在经营性营运资本各项目中，真正反映企业经营竞争力的是以存货或业务为核心的与上下游关系管理有关的诸项目，包括存货、预付款项、应付票据和应付账款（这几个项目与存货采购有关），以及应收票据、应收账款、应收款项融资、合同资产、预收款项以及合同负债（这几个项目与存货销售或者服务提供有关）。

1. 从采购看对供应商的竞争力

企业采购存货，作为买方，其竞争力主要体现在价格和结算方式上。如果买方是处于竞争优势的一方，则在一定的采购批量条件下，买方可以获得更优惠的交易价格，且在结算方式上往往采用赊购的方式；如果买方是处于竞争劣势的一方，或者买方在卖方那里的信用不明，且采购批量较小，则买方很难获得优惠的交易价格，且在结算方式上往往采用预付货款的方式。

当然，采用预付货款方式购货的企业，未必处于竞争劣势，也可能在特定的存货采购供应关系上出现买方急于获得货物或者由于供货方的惯例，买方只能在购买前预先支付部分或全部货款。

在资产负债表上，我们当然看不到存货交易的价格状况，但一定能看到企业的存货规模与预付账款和赊购产生的应付票据和应付账款的对应关系。通过相关的对应关系，我们就可以对企业在存货采购过程中的付款竞争力状况有一个基本的判断。

下面我们看看表 12-4 中宁德时代存货采购的相关数据对应关系。

表 12-4　宁德时代与存货采购相关的项目对应关系

单位：万元

报表类型	2023-12-31 合并报表	2022-12-31 合并报表	报表类型	2023-12-31 合并报表	2022-12-31 合并报表
流动资产：			流动负债：		
预付款项	696,287	1,584,328	应付票据及应付账款	19,455,371	22,076,444
存货	4,543,389	7,666,890	应付票据	7,751,494	12,622,947
			应付账款	11,703,877	9,453,498

上表显示，宁德时代在 2023 年年末的存货规模比年初下降了 313 亿元，这是一个重大的下降。在预付款项的规模与应付票据及应付账款之和的比较上，预付款项的规模远远小于应付票据及应付账款之和，这意味着企业的存货采购以赊购为主。

在预付款项的规模变化上，企业在存货大规模下降的情况下，预付款项出现了更大比例的下降。这说明企业在采用预付款项购货方面的安排对资金的需求越来越小了——这直接降低了在预付款项方面的资金占用。

另外，你要特别注意的一个对应关系是企业的 2023 年年末存货只有 454 亿元，但当天与存货采购有关的应付票据及应付账款之和却达到了 1,946 亿元之多！

这是怎么回事儿呢？

假设你所在的企业今天采购一批货物，货款是 100 万元，结算方式采用的是收到货物三个月后支付货款（为简单起见，忽略增值税和货物运费等）。这样，在货物到达企业的时候企业的资产负债表上就会体现出表12-5所示的对应关系。

表12-5 赊购存货到货后报表项目对应关系

单位：万元

项目	金额	项目	金额
流动资产：		流动负债：	
存货	100	应付账款	100

第二天，你昨天进的货物全部售出，存货离开企业。显然，此项存货变动并不影响应付账款的规模，因为还没有到付款时间。此时的报表项目对应关系如表12-6所示。

表12-6 赊购存货售出后报表项目对应关系

单位：万元

项目	金额	项目	金额
流动资产：		流动负债：	
存货	0	应付账款	100

你会问：存货的100万元去了哪里？

这被卖掉的100万元存货就不再叫存货了，而是转化成实现营业收入而消耗的资源，并以营业成本的名义进入利润表了。

这就出现了存货规模小于与存货对应的应付票据及应付账款之和的情况。

出现这种情况的原因不是付款方赖账不还，而是按照合同约定没有到达支付货款的时间。

为什么会是这种情况？原来，企业存货的周转速度快于相应债务的偿还速度！

前面企业采购100万元存货后，存货迅速变为零而应付账款金额没有变化的这个例子，就是存货周转速度快（第二天就卖出去了）、相应债务偿还速度慢（三个月才到期）的结果。

当存货周转速度快于相应债务的偿还速度的时候，就会出现存货规模小于与存货对应的应付票据及应付账款之和的情况。

这就是企业的竞争力：一是存货管理能力强，存货周转速度快，市场状况较好；二是利用自己较为有利的地位与供应商商定一个长于自己存货周转周期的付款期限，从而为企业谋得了一个在不付钱的情况下用供应商提供的货物进行赚钱的机会。

这种竞争力将为企业经营活动产生的现金流量做出积极贡献。

我们继续观察宁德时代的付款情况。

在2022年年底的时候，宁德时代存货的规模是767亿元，而与之对应的应付票据及应付账款之和为2,208亿元，达到了存货规模远远低于相应应付票据及应付账款之和的境界，为企业节约了大量经营活动现金流出量。

到了2023年年底，存货比年初降低了313亿元，但2023年年底的应付票据及应付账款之和仅仅下降了262亿元（2,208亿元 – 1,946亿元），企业存货下降的规模大于应付票据及应付账款之和下降的规模。这意味着企业存货周转速度快于相应的应付票据及应付账款付账速度的状况还在深化。

> 总结一下：当企业的存货规模小于应付票据及应付账款之和规模的时候，企业的存货采购具有一定的竞争优势，企业的经营活动现金流出量因此会减少。

> 当然，如果反过来，企业的存货规模较大，应付票据及应付账款之和的规模显著低于存货规模，这意味着企业的大部分存货要么是预付款买来的，要么是即时的现金支付买入的，企业在采购环节可能占用了较多资金。

下面我们再看看中芯国际存货采购的相关数据对应关系（见表12-7）。

表12-7 中芯国际与存货采购相关的项目对应关系

单位：万元

报表类型	2023-12-31 合并报表	2022-12-31 合并报表	报表类型	2023-12-31 合并报表	2022-12-31 合并报表
流动资产：			流动负债：		
预付款项	75,186	71,992	应付票据及应付账款	493,953	401,276
存货	1,937,771	1,331,275	应付票据		
			应付账款	493,953	401,276

上表显示，中芯国际在2023年年末的存货规模比年初增加了61亿元，增加的规模很大。在预付款项的规模与应付票据及应付账款之和规模的比较上，预付款项的规模远远小于应付票据及应付账款之和的规模，这意味着企业的存货采购以赊购为主。

在预付款项的规模变化上，企业在存货大规模增加的情况下，预付款项出现了微不足道的增加。这说明企业在采用预付款项购货方面的资金控制更加严格——这不会导致企业在预付款项方面占用大量资金。

同样，你必须注意的一个对应关系是企业的 2023 年年末存货是 194 亿元，但当天与存货采购有关的应付账款（企业没有应付票据）却只有 49 亿元，其规模远远小于存货的规模！

这意味着，虽然在采用预付账款与赊购方式采购货物的过程中，企业以赊购（企业的预付款项规模显著小于应付账款的规模）为主，但企业的存货周转速度却显著慢于企业对应付账款的支付速度，从而在存货方面占用了不少资金。

我们继续看中芯国际的相关数据。

在 2022 年年底的时候，中芯国际存货的规模是 133 亿元，与之对应的应付账款为 40 亿元；到了 2023 年年底，存货比年初增加了 61 亿元，但 2023 年年底的应付账款规模为仅仅增加了 9 亿元（49 亿元 − 40 亿元）。

这就是说，企业的存货增加很多，应付账款增加不多——企业增加的存货大部分是用真金白银买来的，存货的增加占用了大量资金。

之所以会出现这样的情况，可能在于中芯国际在供应商面前的竞争地位远不如宁德时代在供应商面前的竞争地位，不能为企业谋得更多的赊购存货利益。当然，也可能是中芯国际所面临的存货采购环境或一般惯例需要中芯国际在存货采购交易中立即支付大量现金。

2. 销售策略：更重视营业收入，还是现金流量

与存货销售或者服务提供有关的竞争力主要集中在应收票据、应收账款、应收款项融资、合同资产、预收款项及合同负债这几个项目上。

处于竞争优势的企业，在产品销售或者服务提供的结算方式上，往往采用预收款销售的方式；而竞争优势不太明显的企业，更多采用赊销的方式。

> 需要说明的是，企业采用赊销的方式，并不一定是在产品或者服务的市场上处于劣势。有的时候，企业为了实现一定的营业收入目标而降低了销售款的回款速度，此时企业的应收票据、应收账款以及应收款项融资的规模就可能大幅度增加；也有的企业所处的行业惯例就是赊销，此时，即使企业有竞争优势，可能也会大规模采用赊销的方式。

但在财务上，无论什么原因导致的赊销规模加大，都可能导致在企业营业收入增加的同时只能带来赊销债权的增加，而不能带来相应的现金及时回流，货币资金收到的时间一定会晚于营业收入确认的时间。如果企业的债务人恰恰不能到期偿还债务，企业还会遭受债权减值损失。

因此，赊销增长过快会削弱企业经营活动获取现金流量的能力。

> 需要说明的是，近几年，在合同负债项目出现以后，很多企业预收款项的规模没有或者变小了，全部或者部分转到了合同负债。我在这里强调一下，在财报分析中，没有必要去花时间琢磨"企业的哪个负债没有合同？为什么单单这个项目叫合同负债？为什么不把所有的负债都叫合同负债？"这样的问题，你只需要把合同负债视同预收款项去分析就行了。

因此，考察企业预收款的规模时，可以把预收款项与合同负债加在一起去分析。

下面我们看看表12-8中宁德时代与销售相关的资产负债数据的对应关系。

表 12-8　宁德时代与销售相关的资产负债数据的对应关系

单位：万元

报表类型	2023-12-31 合并报表	2022-12-31 合并报表	报表类型	2023-12-31 合并报表	2022-12-31 合并报表
流动资产：			流动负债：		
应收票据及应收账款	6,577,226	6,149,260	预收款项		
应收票据	175,172	352,608	合同负债	2,398,235	2,244,479
应收账款	6,402,053	5,796,652			
应收款项融资	5,528,932	1,896,571			
合同资产	23,396	17,486			

上表显示，宁德时代在2023年年末，除了应收票据外，应收账款、应收款项融资与合同资产每一个项目的规模都比年初有所增加，而且应收款项融资和应收账款增加的规模很大，整体上赊销债权在2023年年末显著高于年初的规模。

与此同时，企业的预收款项目中只有合同负债，且规模增加不多。在合同负债与赊销债权的比较上，无论是年初还是年末，赊销债权的规模都远远大于合同负债的规模，说明企业的销售以赊销为主。

企业赊销债权的大规模增加，一定会导致与企业营业收入相对应的应该收到的企业销售款的回款不足。企业必须平衡的问题是：要营业收入，还是要现金流量？如果追求营业收入，就尽管赊销；如果追求现金流量，就严格控制赊销，最好大量收取预收款。

宁德时代在2023年应该是采取了追求营业收入、适当放缓销售回款的策略。

当然，赊销大量增加、销售回款放缓不一定意味着企业经营活动产生的现金流量净额规模不足。必须看到的是：企业经营活动产生的现金流量净额是采购付款和销售收款等经营收支共同决定的。宁德时代恰恰是通过存货赊购带来的现金节约对冲了赊销款回款不足的问题，从而实现了较好的经营活动产生的现金流量净额规模的持续增长（感兴趣的读者可以参阅宁德时代的现金流量表）。

下面我们再看看表中芯国际与销售相关的资产负债数据的对应关系（见表12-9）。

表12-9 中芯国际与销售相关的资产负债数据的对应关系

单位：万元

报表类型	2023-12-31 合并报表	2022-12-31 合并报表	报表类型	2023-12-31 合并报表	2022-12-31 合并报表
流动资产：			流动负债：		
应收票据及应收账款	394,375	532,874	预收款项	1,183	13,311
应收票据	44,246	52,161	合同负债	1,468,067	1,389,826
应收账款	350,129	480,713			

上表显示，中芯国际在2023年年末，应收票据、应收账款两个项目的规模都比年初有所下降，整体上赊销债权在2023年年末显著低于年初的规模。

这意味着企业年度内的赊销款回收得很好：不但年度内与营业收入相对应的赊销债权全部回收，还回收了年初的部分债权。

与此同时，企业的预收款项目中预收款项与合同负债都有数据，且规模在增加。这说明企业年度内的预收款项销售还在强化。

在预收款项与合同负债之和的规模与赊销债权的规模比较上，无论是年初还是年末，赊销债权的规模都远远小于预收款项与合同负债之和的规模，说明企业的销售以预收款为主。

一方面，赊销债权在减少；另一方面，预收款规模在增加。你说，企业在销售回款方面是不是有竞争优势？

企业在2023年销售方面的主旋律可能是：严格管控销售相关货币资金的回款。

当然，这有可能会制约营业收入的增长。

结合中芯国际采购付款和销售回款情况，我们可以总结如下：在销售回款方面，中芯国际竞争优势明显，主要采取预收款项的销售策略，为企业贡献了大量经营活动产生的现金流入量；在采购付款方面，公司的竞争优势不明显，企业在存货方面占用了大量资金。

中芯国际通过销售回款的优势对冲了存货赊购带来的现金占用较多的问题，从而实现了较好的经营活动产生的现金流量净额规模的持续增长（感兴趣读者可以参阅中芯国际的现金流量表）。

■■■

你是不是感觉本章有点长？但本章的内容非常重要。

本章重点讨论了企业的经营性营运资本管理与竞争力问题。

需要强调的是：企业的经营性营运资本管理既与企业竞争优势有关，也与行业惯例有关，还与企业在不同时期的经营目标有关。

相信通过本章的学习，你对企业营运资本的结构、经营性营运资本与竞争力的关系有了一定的认识。

留一个作业：比较上市公司格力电器2019年至2023年年度报告中的相关数据，体会企业经营性营运资本在各个年度的变化与当年营业收入之间的关系，并体会企业的相关信息所展示出的竞争力。

第 3 篇

企业并购与估值

从企业发展的基本逻辑来看,并购是企业实现跨行业经营、跨地区经营以及市值管理的重要手段。在融资条件允许的情况下,并购可以让企业实现短时间内利润表业绩的快速增长,恰当的并购可以对企业发展起到重要的战略支撑作用。但是,如果企业并购代价过大,或者在并购后被并购企业与并购方长期不能形成战略协同,则今天轰轰烈烈的并购,就可能导致明天的灾难,轻则引起重大资产损失,重则危及企业的财务可持续发展。

因此,并购对并购方而言并不总是战略成功的标志。

在本书的第3篇,我就给你揭示企业在并购过程中需要关注的一些重要方面。

第13章　并购

快速发展的双刃剑

一般来说，并购是通过母公司、子公司或孙公司等主体对其他企业控制权的购买来对一家或多家企业形成控制的行为。无论母公司采取什么发展战略，并购都是企业快速发展的主要手段。

并购的财务效应

我在本书的前面，曾经谈到过美的集团在2017年通过收购库卡集团，在业务结构上一举实现了从原来的大家电、小家电、电机和物流等四类略显土气、传统和科技含量不太高的制造业业务，到暖通空调、消费电器、机器人及自动化系统和其他等新四类具有高科技含量的高端制造业业务的华丽转身的案例。

那次收购，真可谓一举多得：第一，企业整体形象直接实现了"转型升级"，有了高科技色彩；第二，企业的营业收入因并购而得以提高，直接提升到了一个新高度；第三，高科技企业的形象使其在资本市场上的估值基础出现变化，企业的"高科技"形象为实现估值提升奠定了基础。

二十多年前，我曾经在一家房地产开发企业任独立董事，这是一家上市公司。企业董事长设定的经营策略是：鉴于房地产市场价格持续上涨，企业应该缓慢开发，让土地涨价、商品房涨价的红利最大限度留在企业。

请注意，这个经营策略的假设是土地和商品房的价格会持续上涨。

在董事长确立的经营策略指引下，企业开发了精装修的高档商品房。企业每年的营业收入增长不多，但毛利率较高，与营业收入相对应的核心利润及盈利能力均较强。

但存货周转速度长期较低制约了企业营业收入的增长，与资产相对应的盈利能力相对较低。

到 2013 年，企业的存货周转速度大约是 10 年周转一次。这个速度显著低于一般商品房的周转速度。股东对企业发展的不满情绪逐渐蔓延。

在 2014 年，董事长为了平息股东的不满，决定将董事长控制的一家证券公司卖给上市公司，以提升上市公司的财务绩效。

在 2015 年，我在一次聚会上与此次收购的负责人谈及此事。我很关注此次收购过程中证券公司的估值问题。因为如果证券公司估值过高，就可能在上市公司的合并报表上出现巨额商誉。

负责人告诉我，估值不高。董事长希望以较低的价格卖给上市公司，让上市公司的财务业绩能够提升起来。

负责人还告诉我，此次收购对上市公司的最大价值不在于营业收入的提升和盈利能力的增强，而在于业务结构的调整对企业在资本市场上的估值的贡献。企业原有的业务就是房地产开发业务，此次并购完成后，企业的业务结构是房地产加金融，这个结构对提升企业在资本市场上的估值提升有非常重要的促进作用。

> 总结一下，并购至少有这样几个效应：营业收入的增长、业务结构的改善、盈利能力的提高以及整体估值的提升。

并购带来的隐忧

下面，我想就通过并购实现快速增长的企业在营业收入快速增长的过程中可能存在的隐忧进行讨论。

1. 若并购为企业营业收入的主要增长方式，则存在多方面隐忧

一般来说，以并购为主要营业收入增长方式的企业，其收购对象既可以是**同一控制**下的兄弟公司，也可以是**非同一控制**下的其他公司。从资本市场上市公司的并购行为来看，非同一控制下的企业收购是用得更多的并购方式。下面主要讨论与非同一控制下的企业收购有关的问题。

（1）商誉与被收购企业的资产评估增值

按照现在的通常做法，非同一控制下的企业并购，被收购企业会出现三个价值：第一，被收购企业净资产的账面价值（就是账面资产减去账面负债）；第二，被收购企业净资产的公允评估价值（就是可辨识资产的公允评估价值减去负债的公允评估价值）；第三，被收购企业的股东与买方确定的交易价值（对价）。

如果交易对价与被收购企业净资产的公允评估价值乘以股权转让百分比的规模完全一致，则收购交易在收购方的合并资产上不出现商誉；如果交易对价大于被收购企业净资产的公允评估价值乘以股权转让百分比的规模，则收购交易在收购方的合并资产上出现商誉，商誉的规模等于交易对价减去被收购企业净资产的公允评估价值乘以股权转让百分比的规模；如果交易对价小于被收购企业净资产的公允评估价值乘以股权转让百分比的规模，则收购交易在收购方的合并资产上出现负商誉，负商誉的规模等于交易对价减去被收购企业净资产的公允评估价值乘以股权转让百分比的规模所得出的负数。

　　但是，不论收购是否产生商誉，被收购企业在资产评估过程中都可能会实现较大规模的无形资产评估增值。无形资产评估增值越高，商誉的规模就会越小。

　　换句话说，**在企业收购过程中，卖方的股东"赚"了两笔高于账面价值的钱：一是商誉，二是各项资产的评估增值，其中往往无形资产的评估增值增幅最大。**

　　（2）与并购有关的风险分析

　　收购方在并购后，不容忽视的是并购带给收购方的潜在风险。

　　首先，在收购过程中产生的商誉以及被收购企业过高的资产评估增值对未来营业利润带来不利影响的风险。

　　前面提到，在收购过程中，有三个价值非常重要。

　　一是被收购企业净资产的**账面价值**，这是被收购企业经营活动持续发展的现有资产基础——这些账面上可辨识的资产与账外无形资产的系统整合质量反映了被收购企业的历史状况，也将在未来构成其持续发展的物质技术基础。

第二个价值是被收购企业净资产的公允评估价值。请注意，公允评估价值不是一个唯一的价值量，而是一个价值的范围。不同评估师对特定企业特定资产的价值判断可能出现较大差异。

想象一下，你准备订购 200 本定价 100 元 / 本的书。你从两个渠道订购，每个渠道订购 100 本书，条件都是送货上门（为方便说明，忽略运费因素）。

第一个渠道，你从出版社直接订购 100 本书，出版社给你提供的交易价格是每本 50 元。这样，相关的书送到你手上就是每本 50 元。

第二个渠道，你从某电商平台订购 100 本书，平台给你提供的交易价格是每本 60 元。这样，相关的书送到你手上的价格就是每本 60 元。

你在同一天几乎同时下的两个单子，交易价格是不同的。书的质量、交易条件完全一样，但交易价格却不同。我要问的问题是：这两个交易价格，哪一个是公允价值？

我曾经在不同场合问过不同的人，有的说出版社的交易价格是公允价值，因为出版社是一个严肃的单位；有的说电商平台的交易价格是公允的，因为电商平台是市场化程度更高的平台，价格相对公允；有的说两个价格都不公允，加权平均的价格才是公允的；还有的说两个都是公允的，因为没有证据表明在交易过程中有任何一方受到胁迫，交易纯属正常的市场化行为，因而都是公允的。

我告诉你，两个交易价格都是公允的。请注意，公允价值的本质是交易的正常性、自然性和非胁迫性。因此，交易价格不是一个定量，而是一个具有弹性的范围。

我看到的企业并购案例情形是：在并购交易对价（就是交易价值）确定（股权交易双方共同确定）的情况下，评估师给出的被收购企业**净资产公允价值**的高低就成了商誉高低的调节因素：评估师给出的公允价值越高，商誉就越低。当评估师给出的被收购企业净资产的公允价值乘以股权交易百分比得出的价值与交易对价完全相同的时候，商誉就是零了。

所以，不是企业并购导致的商誉越低，风险越小。因为，商誉小了，资产的评估增值可能就高了。

再问一个问题：因评估增值较高而导致商誉降低的被收购企业的资产项目，哪一个项目可能被评估得比较高呢？

想想看，一项确定的资产，比如手机、电脑、运输车辆、房屋建筑物之类有形的可辨识资产，评估价值能增长很高吗？常识告诉我们，不可能。

但如果是看不见、摸不着的无形资产呢？那就不好说了。因为谁也说不清楚，既然说不清楚，无形资产的公允评估价值就可能弹性化地往上估了。

所以，你去看一下，在企业并购过程中被收购企业的评估价值里面，无形资产往往会充当资产评估增值的生力军。

第三个价值是交易对价，就是**交易价值**。

必须说的是，股权收购交易价值的确定，在相当的程度上，取决于买方即收购方对被收购企业未来贡献的期待。当买方处于认为被收购企业将在未来释放出其所期待的价值（可能是营业收入的结构、规模贡献，可能是利润的贡献，可能是现金流量的改善，可能是竞争环境的改善，还可能是企业估值基础的改善等），并且急迫地想交易成功的状态下，收购方往往会付出较高的代价，这个较高的代价经常会表现为较高的商誉，或较高的资产（尤其是无形资产）评估增值。企业今天的收购代价如果在未来被实践证明过高，就会出现未来商誉或无形资产及相关资产减值损失的确认。

而未来商誉或无形资产及相关资产减值损失的确认一定会对未来相关年度的营业利润构成冲击。

其次，在收购过程中产生的融资负债可能因被收购企业质量较低而导致收购方未来偿债能力下降的风险。

企业如果用于收购的资金来源于各种债务融资，就需要被并购企业的内在质量相当好，能够按照预期持续为收购方贡献价值。如果被收购企业以过高的收购价格被收购进来，被收购以后其资产质量持续恶化、经营业绩持续下滑，就会导致收购方为收购而举借的债务难以偿还。

最后，收购后收购方对被收购企业的董事会改组、核心业务和技术骨干人员等方面的整合不能实现预期的风险。

收购发生后，被收购企业的控制权就发生了转移。企业控制权的变化一般会导致董事会的结构发生变化：原控股股东所委派的董事一般会退出董事会，新的董事会将由收购方决定主要人选。

在董事会发生变化以后，企业的业务和技术骨干就面临继续留在被收购企业工作还是另谋出路的问题了。在很多情况下，由于被收购企业的业务和技术骨干对收购方缺乏认知和信任，这些业务和技术骨干可能会选择离开企业另谋出路。当然，也可能由于各种原因被收购企业原有的业务和技术骨干会继续留在企业，但可能会要求更高的薪酬。

董事会重组、业务和技术骨干的调整与重新聘任不可避免地将导致被收购企业内部的动荡，从而会影响被收购企业的财务绩效。

2. 复星医药并购发展的隐忧

我在第1篇曾经对恒瑞医药和复星医药的盈利能力进行了比较，发现恒瑞医药"块头"小、盈利能力强，复星医药"块头大"、盈利能力弱。

现在，我就复星医药母公司采取的发展战略对企业营业收入及盈利能力的影响，尤其是快速增长条件下的增长方式带来的隐忧展开讨论。

我们先看看复星医药 2023 年年报中的部分资产负债表信息（见表 13-1）。

表 13-1 复星医药资产负债表部分信息

单位：万元

报表类型	2023-12-31 合并报表	2023-12-31 母公司报表	2022-12-31 合并报表	2022-12-31 母公司报表
流动资产：				
货币资金	1,369,359	198,866	1,624,131	228,327
交易性金融资产	188,850	11,769	92,853	
应收票据及应收账款	766,823		761,294	
应收票据	2,449		2,484	
应收账款	764,374		758,810	
应收款项融资	64,257		55,893	
预付款项	88,458		160,747	
其他应收款（合计）	62,666	317,165	59,884	581,587
应收股利	1,475	101,475	1,968	118,234
应收利息				
其他应收款	61,191	215,690	57,916	463,352
存货	753,777		688,243	
合同资产	14,589			
持有待售的资产			41,958	41,958
一年内到期的非流动资产		279,143		291,144
其他流动资产	70,479	86,701	42,915	73,715
流动资产合计	3,379,257	893,644	3,527,918	1,216,731
非流动资产：				

(续)

报表类型	2023-12-31 合并报表	2023-12-31 母公司报表	2022-12-31 合并报表	2022-12-31 母公司报表
其他权益工具投资	5,277		1,545	
其他非流动金融资产	104,011	3,937	238,883	31,280
长期应收款	8,532		9,166	
长期股权投资	2,391,940	3,478,457	2,314,477	3,238,004
投资性房地产				
固定资产（合计）	1,512,937	694	1,026,786	648
固定资产	1,512,937		1,026,786	
在建工程（合计）	493,828		489,670	
在建工程	492,453		489,482	
工程物资	1,375		187	
使用权资产	217,174		86,354	
无形资产	1,348,202	135	1,247,106	161
开发支出	389,611		345,426	
商誉	1,085,200		1,033,705	
长期待摊费用	77,881		55,423	
递延所得税资产	62,447		44,257	
其他非流动资产	270,663	477,299	295,675	466,734
非流动资产合计	7,967,704	3,960,523	7,188,473	3,736,826
资产总计	11,346,960	4,854,167	10,716,391	4,953,557

从表13-1母公司资产的结构来看，母公司基本上没有经营资产，具有投资色彩的其他应收款与一年内到期的非流动资产（母公司规模大，合并规模小）、其他流动资产（母公司没有什么经营资产就不会有太多业务，也就不会有什么与业务有关的其他流动资产，因此，母公司的其他流动资产主体应该是投资资产）、其他非流动金融资产和

长期股权投资等项目占了除典型的没有进行战略应用的货币资金和交易性金融资产以外资产的大部分比重——母公司采取的是投资主导的发展战略。

再看看合并资产的结构。你会发现，在全部资产总计 1,135 亿元中，与并购直接相关的商誉和无形资产两个项目还在增长，且商誉与无形资产之和在 2023 年年末的规模已经达到 243 亿元，意味着并购是企业发展的主要手段。

实际上，商誉和无形资产评估增值只是收购过程中的代价的一种表现，其本身很难与特定业务及盈利能力有直接联系。无形资产中的一部分价值，会因评估增值而增加。但在被收购企业的经营资产中，实际发挥作用的仍然是被收购企业自己账面上的无形资产，不是被评估师评估增值之后的价值。这就是说，合并报表无形资产中因子公司被收购所产生的评估增值部分，就是一个报表上的数字。

无形资产评估增值之所以存在，就是因为评估师认为企业在经营过程中实际发挥作用的无形资产价值大于账面上的无形资产价值。但是，如果未来在收购后收购方不能通过自己对被收购企业的各种整合来让这些增值后的无形资产释放出价值，无形资产就会在特定时期出现减值。

同样，商誉之所以存在，是因为收购方认为现有评估价值还不足以体现被收购企业的价值，愿意支付更多代价来购买被收购企业的控制权。但是，如果在收购后收购方不能通过自己对被收购企业的各种整合来让被收购企业释放出预期价值，商誉也会在特定时期出现减值。

可以这样认为，正是企业通过不断收购才使得合并利润表上的营业收入不断增长，也正是企业的不断收购、收购后企业一直没有表现出较为理想的核心利润，才让我们有理由相信，企业未来在收购后的各种整合方面还有较大提升空间。

在本章的最后，我再用复星医药在2023年内发生的并购信息强调一下需要关注的与并购有关的风险。

下面的信息摘自复星医药2023年年度报告。

在2023年，复星医药共通过收购获得了5家公司的控制权。与大多数上市公司单独披露被收购企业名称、净资产、净资产评估价、交易对价及商誉等信息不同，复星医药采取了集中披露的方式。

合并子公司的可辨认资产和负债于并购日的公允价值和账面价值如表13-2所示。

表13-2 合并子公司相关价值信息

单位：元

	并购日公允价值	并购日账面价值
货币资金	308,580,257	308,580,257
应收账款	556,385,467	556,385,467
预付款项	40,040,693	40,040,693
其他应收款	346,628,990	346,628,990
存货	442,839,524	442,839,524
持有待售资产	500,000	500,000
其他流动资产	63,001,491	63,001,491
固定资产	2,650,061,877	1,625,845,546
在建工程	167,095,193	167,095,193
无形资产	654,238,177	200,097,203
长期应收款	304,500	304,500
长期待摊费用	277,927,190	277,927,190
递延所得税资产	146,640,835	146,640,835
其他非流动资产	29,494,156	29,494,156

（续）

	并购日公允价值	并购日账面价值
使用权资产	1,304,651,056	1,304,651,056
短期借款	579,547,134	579,547,134
应付账款	592,718,139	592,718,139
合同负债	114,542,362	114,542,362
应付职工薪酬	257,205,420	257,205,420
应交税费	39,842,312	39,842,312
其他应付款	202,350,981	194,707,481
一年内到期的非流动负债	26,373,177	26,373,177
其他流动负债	14,232,458	14,232,458
长期借款	1,243,743,897	1,243,743,897
预计负债	2,992,472	2,992,472
长期应付职工薪酬	104,288,762	104,288,762
租赁负债	1,375,913,300	1,375,913,300
递延收益	824,007	824,007
递延所得税负债	191,596,042	23,200,079
其他非流动负债	39,607,616	39,607,616
少数股东权益	958,864,642	817,446,979
取得的净资产	1,243,746,686	82,846,507
合并产生的商誉	413,732,505	
合并成本（交易对价）	1,657,479,190	

上述被购买方自并购日至年末的营业收入合计为人民币1,560,352,824元，净亏损为人民币145,692,431元，现金流量净额为流出人民币33,531,718元。

体会一下上面的数字。

企业在2023年，以16.57亿元的代价，收购了一组账面净资产价值 0.83 亿元、公允价值为 12.44 亿元企业的控制权。

这些企业让复星医药的合并利润表中的营业收入增加了 15.60 亿元（别忘了我们前面看到的复星医药 2023 年的合并营业收入比 2022 年还下降了，如果不是这组并购的驰援，复星医药 2023 年合并营业收入会下降更多），但在盈利能力和获现能力方面表现不佳，净亏损高达 1.46 亿元，经营活动产生的现金流量净额是负 0.34 亿元——要利润没有，要钱也没有。

这组企业有什么呢？

答案应该是：有未来。

否则，复星医药就不会在企业固定资产和无形资产联手产生重大评估增值的情况下，又在净资产评估价值的基础上追加了 4.14 亿元。看来，复星医药高度看好这五家企业的未来（对复星医药在 2023 年并购了哪些企业感兴趣的读者请参阅复星医药 2023 年年报）。

问题是，在被收购的第一年，这几个被收购企业集体"掉链子"，除了营业收入外，利润和现金流量的贡献都是负数。

需要注意的是，导致被收购企业净资产出现巨额增值的两个主要贡献者一个是固定资产，一个是无形资产。从绝对额看，固定资产评估增值更大；但从增值倍数看，无形资产的增值倍数更大。

如果未来被收购企业不能按照收购发生时的业绩预期对复星医药做出贡献，则未来就可能在某一年或某几年固定资产、无形资产或商誉出现计提单项或多项减值，到那时，并购时积累的风险就该爆雷了。当然，如果被收购企业在未来能够按照收购时的预期贡献财务业绩，则相关资产就不会出现减值。

还是让时间来回答吧。

实际上，并购发生后，即使在一段时间之内被收购企业在财务上可以做出营业收入、净利润和现金流量方面的贡献，也不能认为并购带来的潜在风险已经消失。很多企业在并购一段时间后，被收购企业出现快速业绩下滑，导致收购方不得不陷入应对并购风险的境地。

■■■

本章重点讨论了并购与企业发展的问题。

需要强调的是：并购是企业快速扩张的重要手段。并购在让企业利润表的营业收入提升的同时，也可能积累了较长时期才会暴露的风险。

相信通过本章的学习，你对企业并购对企业的财务影响有了一定的认识。

留一个作业：把上市公司复星医药 2024 年以后披露的年度报告找出来，持续考察企业业绩变化以及资产减值准备计提及资产减值准备的构成，体会一下并购对企业的业绩影响。

第 14 章　估值

你怎么看企业的未来

在上一章，我重点谈了并购与企业成长之间的关系。本章继续讨论在并购过程中的企业估值问题。

你如果看企业估值的文献，会发现估值方法有很多，玄玄乎乎的估值模型也有很多，有的模型看起来还挺费劲。其实，以我的经历来看，在大多数情况下，很少有人关注复杂的估值模型，投资者更多使用的是简捷的估值方法。那些复杂的估值模型，在实践中很少得到应用，你也没必要去关心。就把复杂的估值模型留给大学里的教授们在课堂上去展示水平吧。

买产品与买股权，标准不同

日常生活中，你会购买各种东西，大的如住房，小的如各种日用品。

想想看，当你购买一般日用品的时候，你看重的是不是这些日用品的可用性？

当然是！

但也有一些是要长期使用的物件，比如房屋、家庭用汽车等，这个时候，你首先想到的是这些物件能不能按照预期去使用，比如房屋的质量能否支持你长期居住下去，汽车能不能在行驶多少公里之内不出问题，等等。

但你也会买一些纯粹想升值的东西，比如你可能去购买黄金，你也可能购买上市公司和非上市公司的股份。当你买这些东西的时候，就是在进行投资了。

显然，投资的目的是通过你购买的投资品实现资产增值。一个投资品，如果想通过它在未来实现资产增值，你就不应该在你认为的高点去购买，而应该在你认为的低点去购买。

比如，黄金的价格在2024年上半年一直在上涨。你如果想通过购买黄金让自己的资产增值，就要想清楚：未来黄金价格能涨到什么程度？如果你预期未来黄金价格会继续涨，且涨幅符合你对投资回报的预期，你就可以购买；如果你认为现在已经是高点了，以后可能会下跌，你在这个时候就不会将黄金作为投资品去购买。

购买企业的股份也是一样的：你购买特定企业的股份，一定是预期特定企业有比较好的经营前景和盈利前景，你要么在持有股份一段时间以后将其卖出来获得增值，要么通过长期持有股份、不断获得股利收益来实现增值。

这就是说，购买投资品看中的不是投资品的历史价格，而是未来的成长空间。

产品或服务定价与企业估值，逻辑也不同

1. 产品或服务定价

你想过没有，你日常购买产品（如牛奶、食品、汽车等）或服务（如入住酒店，乘坐高铁、飞机等）的价格是怎么定出来的？

如果你去看营销类的书，产品或服务定价涉及很复杂的学问，是要专门讨论的。

对于全面的定价方法与营销策略，感兴趣的读者可以去看相关的营销书。我这里简单介绍一下常用的定价方法。

一般来说，产品或者服务的定价方法有如下几种。

（1）生产成本加成定价法

这是非常传统的定价方法。企业把与产品生产有关的原材料、燃料、动力、固定资产折旧、无形资产摊销、员工工资与薪金等相关消耗加在一起，除以所生产产品或提供劳务的数量，得出单位产品或服务的生产成本，然后在生产成本基础之上上浮一定的百分比（增加的部分就是毛利），就是销售价格了。

大量的日用品就是这么确定初始价格的。当然，企业以成本为基础确定的价格并不一定是最终的交易价格。产品或服务在销售或提供的过程中可能会采取降价（如临近保质期的产品促销）、提价（如假期或旅游旺季的酒店房费与机票、火车票）等方式，最终的价格可能与初始价格有较大偏离。

你可能悟出来了：看来，我要买就买大企业提供的产品或服务，因为这些企业会由于生产规模大、单位生产成本低（固定的折旧费用

等被更大数量的产品摊薄）而可能定价低，产品或服务的性价比高。

但不一定。往往生产规模大的企业也是大品牌企业。大品牌企业的产品不一定因为生产成本低而定价低。这就涉及企业在定价过程中对自身竞争地位的考量等问题。

(2)企业地位定价法

在企业地位定价法下，企业有可能根据自己的品牌综合影响力给自己定位，在确定自己的市场竞争地位的基础上确定价格。大品牌不会因为自己产品的单位生产成本更低而降低其价格，反而会因自己在市场中的竞争地位和产品质量而定价更高。

格力电器认为自己是中国空调产品品牌和质量居于第一位的企业，尽管其产品的单位生产成本由于规模大而处于较低水平，但格力电器的产品在同类产品中往往是定价最高的。用董明珠董事长的话说就是："我的质量最好，我的价格就应该是最高的！"

品牌、质量都不处于优势地位的企业，其产品的生产成本会比较高。这样的企业不可能因为自己产品的单位生产成本较高而定更高的价格，只能按照自己企业在竞争市场中的地位来定价。因为这样的企业即使定更高的价格，也不会有较大的市场。

你会看到，品牌享有盛誉的企业的产品或服务的毛利率会比较高，而竞争力处于弱势的企业的产品或服务的毛利率会比较低。

想过没有，有的电动汽车企业说自己卖一辆车亏多少钱是什么意思？

一般来说，这些汽车企业说的是销售价格与其生产成本之间的差额：当销售价格低于生产成本的时候，就会出现企业"卖一辆车亏多少钱"的说法，这里的亏损一般是指毛利（营业收入减去营业成本等于毛利）变为负数。至于企业卖一辆车最终亏多少，一般是很难计算出来的。因为企业有可能同时生产和销售多种型号的汽车，并可能生产非汽车类的产品或提供相关服务。在销售多种产品、提供多种服务的时候，企业的销售费用、管理费用、研发费用和利息费用很难具体分摊到特定产品上去核算盈亏。企业最终是不是亏损，不是看特定产品的盈亏，而是看企业营业利润"三支柱、两搅局"共同作用的最终结果。

你如果留意，会发现下面这样的企业。其营业利润中的毛利率是正的（这一般会被表达为卖一件产品赚多少钱），但因为营业收入规模不大、毛利额不高，销售费用、管理费用、研发费用和利息费用整体规模较大，而导致核心利润亏损或规模很小，产品或服务的盈利能力较弱。但东方不亮西方亮，要么杂项收益里的投资收益给力，要么杂项收益里的利息收入给力，要么杂项收益里的公允价值变动收益给力，要么以政府补贴为主的其他收益给力，最终结果是企业仍然能够获得看上去还不错的营业利润。

本书前面讲过的一些企业就属于这种情况。

因此，销售产品或者提供劳务不盈利的企业不一定没有营业利润。是不是很有意思？

（3）市场预期定价法

有些产品的定价往往与市场预期有关，而与品牌、成本的关联度较低。比如，进入21世纪几年以后，中国进入房地产市场快速发展时期。在这个时期，房价普遍快速上涨。几乎在任何地方你去购买商品房，不论楼盘的品牌、质量，你只要购买，相关房屋的市场交易价格一般都会快速、持续上涨。在这种市场大势的背景下，产品的售价就会按照市场预期去制定。

当然，最终消费者交易成交的价格，并不一定是某一种定价方式决定的，而是多种因素综合决定的。

无论使用了哪种定价方法，最终之所以能够达成交易，其核心逻辑都是：买方认为所购产品或服务是值得购买的。

2. 企业估值

以股权交易为目的而进行的企业估值是对企业净资产（资产减去负债）的估值，本章讨论的不是个别资产的价值评估问题，而是企业股东权益（净资产）的评估问题。

购买企业的股份，就是购买部分或者全部的企业净资产。

前面我谈到，购买企业股份是投资行为，而你投资的一定不是历史，而是未来。

因此，企业估值是面对未来的。

> 一个企业，不管其历史多么辉煌，现有的物质资源储备物理质量有多好，人力资源对原有产品或服务有多专业，市场资源多丰富，如果这些资源都不能在未来发挥作用，为企业的持续盈利做出贡献，其资产就应归属于不良资产。

现实中是不是有这样的企业？历史上的各种表现、资源储备都很好，但由于各种原因，如治理（原大股东突然离世，接任者不能再像原大股东那样掌控企业），或者产品的环保水平不达标以及特定地区的政治、经济环境发生变化等，不能在原有轨道上持续发展，企业又没有及时找到新的产品或服务的发展方向而迅速沉沦。这样的企业并不少见。

因此，对企业的估值，不单纯是技术问题，更是对企业治理、行业状况、发展环境及政策变化等因素综合考量的结果。

如果你去看商学院的课程体系，你会发现有的专门开设了企业价值评估的课程，也有的把企业财务报表分析与价值评估结合起来开设课程。

限于本书篇幅，我在这里只简单介绍一些常见的企业价值评估方法。对于系统化的企业价值评估，感兴趣的读者可以参阅相关的书籍。

常见的企业净资产的评估法，有以下几种。

（1）市盈率法

这里的"市"指的是企业股东权益的市场价值；"盈"指的是企业的利润，一般可以理解为净利润。

简单地说，市盈率法就是按照企业净利润的一定倍数来确定股东权益的价值。市盈率法既可以用于企业间的收购估值，也可以用于资本市场股票估值。

你经常看到的资本市场中的市盈率，指的是按照每股股价与每股净利润（也叫每股收益）相比计算出来的比率。

> 一般来说，如果企业预期盈利前景良好，市盈率较低的企业股价上涨空间较大。当一个企业的市盈率达到最高点的时候，你再买这个企业的股票，就有可能亏损——企业的股价可能比你买的时候低。

但是，在资本市场中，没有人能够精准预测一个企业股价的最高点。不论股价是多少，都会有投资者购买。因为这些投资者坚信，他们购买的股票的价格未来会继续上涨。

同样，也不是你认为市盈率低的股票的价格就一定上涨，因为决定股价高低的因素很多，而其中尤为重要的是投资者的心理因素。

比如，在 2024 年 10 月间，格力电器股票的市盈率在 8 倍左右徘徊，美的集团股票的市盈率在 16 倍左右徘徊。在这两个公司的比较中，虽然美的集团因在 2017 年收购了库卡使自己新增了机器人及自动化系统业务而改善了业务结构，在形象上似乎变成了高端制造企业，但库卡对美的集团盈利能力的提升似乎一直贡献不大。美的集团虽然在营业收入、核心利润等方面比格力电器高，但在毛利率、核心利润率（核心利润 ÷ 营业收入 ×100%）等关键竞争力指标上，美的集团并没有超越格力电器。尽管如此，美的集团的股票市盈率就是远高于格力电器。

所以，即使是竞争优势显著的企业，其市盈率低也不一定会促使股价持续上涨。

（2）市净率法

与市盈率法一样，这里的"市"指的是企业股东权益的市场价值，而"净"则指的是企业的净资产，即股东权益。

简单地说，市净率法就是按照企业净资产的一定倍数来确定股东权益的价值。市净率估值法既可以用于企业间的收购估值，也可以用于资本市场股票估值。

你所看到的资本市场中的市净率，指的是按照每股股价与每股净资产相比计算出来的比率。

体会一下，当一个企业的每股股价等于每股净资产的时候，企业的市净率等于 1。这意味着企业的估值没有考虑表外因素。市净率等于 1 的企业是不是股价被低估了？如果一个企业有盈利前景，市净率等于 1 肯定低估了企业的股权价值。如果企业资产质量很不错，历史财务业绩也很不错，但是在原有基础上继续发展没有什么前景，而且没有其他出路，则在市净率等于 1 的时候未来股价还可能会下跌。

再体会一下，当一个企业的每股股价低于每股净资产的时候，企业的市净率小于 1，我们就会说这个企业的股价跌破净资产了。同样道理，跌破净资产的企业未来股价未必上扬，因为资本市场上的投资者可能对企业的未来很悲观。当然，如果企业有盈利前景或者通过重组等手段可能有更好的前景，那么市净率低于 1 的企业其股价上涨的空间也是存在的。

最后体会一下市净率大于 1 的情形。

当市净率等于 2 的时候，意味着在企业的估值中，账外资源的价值与账内资源的价值一样高；当市净率等于 5 的时候，意味着在企业的估值中，账外资源的价值是账内资源价值的 4 倍。是不是有一种市净率越高，股价上冲的空间越小的感觉？

按照常识来看，市净率越高，可能对企业股价的估值越离谱。这在非资本市场条件下的企业股权交易中是需要特别注意的。但在资本市场条件下，决定企业股价的因素除了基本的财务数据外，还受更多难以预测因素的影响，如行业因素、政策因素、投资者心理因素等。

因此，并不是市净率低的股票未来股价上涨空间就一定大，市净率高的股票未来股价上涨空间就一定小。

当然，从长期主义的视角来看，内在资产质量高、盈利前景好、市盈率和市净率处于较低位置的企业的股票，是可以考虑购买并长期持有的。

提醒：股市有风险，入市须谨慎。

（3）资产基础法

资产基础法就是以企业可辨识的表内外资产和负债为基础确定股东权益的方法。

最简单的资产基础法是以企业账面净资产为基础确定企业股东权益的价值。但是，这种方法至少在资产和负债方面有疏漏。

在资产方面，并不是表内所有资产都会按照预期去发挥作用，有的资产会增值（如大多数存货以及具有增值潜力的固定资产和无形资产以及部分投资等），有的会减值（如各项债权、部分存货、部分在建工程、部分投资以及商誉等）。虽然在计算净资产的时候企业可能对一些资产进行了减值测试，但减值测试也存在一定的问题：一是减值测试导致的资产减值并不一定到位；二是减值测试只测试减值，不考虑增值，因而资产的账面价值和其发挥作用的价值可能差异很大。另一个问题是企业表外资源也会在企业的经营活动、投资活动和筹资活动中发挥很大作用，并对企业的盈利能力有促进作用。

在负债方面至少有两种情形。

一种情形是企业可能存在不用付出的款项（如企业收取的一些押金，一般在其他应付款项目上反映，当押金出于各种原因不用支付的时候，就成为企业的利润因素）、不必付出的款项（如企业在预收款项及合同负债上的利润因素），这些被夸大的负债实际上是企业的利润，将会增加股东权益。

另一种情形则是企业有一些非常可能发生的潜在负债，专业术语叫或有负债。或有，就是或许有的意思。比如企业正在进行的诉讼、仲裁等，企业之所以要去诉讼和仲裁而不接受调解就是要多赢或者少输，但判决或仲裁结果不一定符合企业的预期。因此，为应对诉讼和仲裁可能带来的损失，企业应该对预计负债做充分估计，从而增加负债，减少利润和股东权益。

鉴于这些问题，在实务中较少采用账面净值作为用于交易的股东权益价值（此方法称为账面净值法）。当然，对于成立时间不长、业务不多且账外资源和诉讼、仲裁几乎没有的企业，用账面净资产作为股东权益价值可能是较为恰当的。

在实务中，比账面净值法更恰当的方法是公允价值法，该方法用可辨识资产的公允价值减去可辨识负债的公允价值作为企业股东权益的价值。

这个方法弥补了账面净值法的缺陷，但没有考虑账外不可辨识资产。对于发展迅速、盈利能力较好的企业，忽略不可辨识资产的价值，将会低估企业的价值。

前面谈到，在企业并购过程中，被收购企业一般要进行净资产的公允价值评估。正像你在前面所看到的，对于非同一控制下的企业合并，被收购企业净资产的公允评估价值是收购方计算在并购过程中产生的商誉的价值基础。

（4）未来收益法

前面资产基础法的估值基础是按照企业现有资产和负债的价值来确定企业股东权益价值，而现有资产和负债都是企业设立以来累积的结果。

未来收益法的基本原理是，我不管你历史形成的资产价值以及现在第三方的评估价值是多少，我就问：你在未来能够给我带来多少价值？你未来能够带来的价值高，你的评估价值就高，否则你的评估价值就低。

未来收益法符合资产的未来有用性的实质，在实践中用得也很多。

但这个方法也有一些明显的问题。

一是未来收益确定的弹性问题。我们在评价企业历史和当前效益的时候，往往关注企业的盈利状况，也就是关注利润表。但未来收益法下的"未来收益"关注的不是利润，而是现金流量。对未来收益——经营活动产生的现金流量净额的估计，很难是一个精准的量。换句话说，你想让企业的估值高一点，你就要预计未来收益（现金流量）高一些。关键是，未来收益这个数字，从现在来看很难说谁的估计是唯一正确的。这就为未来收益法创造了对企业股东权益估值的可调节空间。

二是未来收益折合成当前价值（现值）所选择的折现率问题。在未来收益法下，同样的未来收益在不同年度的价值是不等的。比如，假设企业获得的未来收益明年1月1日是100万元，后年1月1日是100万元，大后年1月1日还是100万元，在未来收益法下，上述三个时间节点相同的未来收益加在一起就不等于300万元，因为在未来收益法看来，越往后的未来收益价值越低。

怎么处理呢？很简单，对未来收益给一个打折的比例，专业术语叫折现率，而且还要复利计算（具体原理就不讲了，感兴趣的读者可以去看任何一本管理会计和财务管理的教材）。

问题又来了：你要想让同样规模下的未来收益估值高一些，你就选择一个低一点的折现率；否则，你就选择高一点的折现率。

所以说，看上去很科学的未来收益法，也存在着很大的估值调节空间。

现在的问题是：对于我已经讲过的几个估值方法和你可能见到的更多的估值方法，你该怎么看待它们？

实际上，所有的估值方法都是为股权交易提供科学依据的道具。这就是说，凭什么企业的股权交易要按照某个特定价值来进行呢？原来是有依据的，依据就是看上去很科学的估值方法。

再明确一下：既然是估值，就是主观的，就很难有唯一正确之说，就难以避免出于某个目的高估，而在另外的场合又低估的情形发生。

> 总结一下：所有的股东权益评估方法都是面向未来的。对股东权益的估值，实质是怎样看企业未来的问题。任何一个评估方法都有其合理成分，也都有不足。没有放之四海而皆准的评估方法。

由于有了这样的特征，在很多并购交易中，用于评估被收购企业股东权益的估值方法往往不是一个，而是两个或更多。

你要做的，一是知道有这么回事儿，二要在实际应用中去分析、判断这些方法的适用性，也就是说，要在上述方法的实际应用中去体会其科学性和价值。

▪ ▪ ▪

本章重点讨论了股东权益的估值问题。

需要强调的是：估值是股权交易的价值确定基础，并不一定等于交易价格。股权交易价格的确定，除了评估价值外，还有很多复杂的因素如交易双方的交易目的、实力对比等。

相信通过本章的学习，你对企业的股东权益估值方法有了一定的认识。

留一个作业：把任何一个上市公司年度报告中披露的当年并购信息找出来，看看企业在并购交易中采用了怎样的估值方法，体会一下估值对并购交易的影响。

第15章　商誉高低与企业风险

在本章以前的学习中，你已经知道了非同一控制下的企业收购会产生商誉，而且还有风险。本章就继续讨论商誉高低与企业风险问题。

商誉越高，未来减值压力越大

由于非同一控制下企业收购的被收购企业净资产评估价值可能难以反映存在于企业可辨识资产以外但可以为企业持续盈利做出贡献的一些不可辨识资产的价值，因而在控制权交易中，一旦交易对价高于被收购企业净资产的公允评估价值，就会产生商誉。

> 再强调一下，商誉代表了买方对被收购企业未来盈利能力的预期：商誉越高，意味着买方认为被收购企业未来释放出来的价值

> 越大。因此，商誉越高，被收购企业未来业绩的压力也就越大。

当被收购企业未来释放出来的业绩不及预期的时候，商誉就要减值了。

我们来看一下上市公司国新文化控股股份有限公司（简称国新文化）的一则公告。

2024年4月27日，国新文化发布《关于2023年度计提商誉减值准备的公告》，主要内容为：

基于谨慎性原则，公司对2017年度收购广州市奥威亚电子科技有限公司（以下简称"奥威亚"）形成的商誉进行减值测试，根据测试结果，2023年度公司计提商誉减值准备25,262.94万元。

一、商誉的形成

公司于2017年收购奥威亚100%股权形成商誉141,948.62万元，公司每年年末均严格按照《企业会计准则第8号——资产减值》的规定，对因企业合并形成的商誉，无论是否存在减值迹象，均结合与其相关的资产组进行减值测试。根据测试结果，2018年度、2019年度、2020年度、2022年度未发生减值，2021年度计提商誉减值准备51,013.77万元。

二、商誉减值测试情况

2023年我国经济持续改善、稳步恢复，但地方财政资金紧张，项目延迟导致销售收入不及预期。公司本期虽加快高职教领域和AI产品等布局，不断丰富产品矩阵，新产品收入稳步提升，但目前处于推广前期，未对当年业绩产生明显贡献，商誉资产组存在减值迹象。

根据公司经营管理层对未来经营情况的分析预测，公司聘请中京民信（北京）资产评估有限公司对奥威亚商誉资产组在 2023 年 12 月 31 日的可收回金额进行了评估，出具了《国新文化控股股份有限公司拟实施商誉减值测试涉及的广州市奥威亚电子科技有限公司与商誉相关资产组价值资产评估报告》（京信评报字（2024）第 057 号）。

根据上述评估报告结果，奥威亚商誉资产组可收回金额为 75,590.00 万元，低于商誉资产组账面价值 100,852.94 万元，公司本次应计提商誉减值准备 25,262.94 万元。

三、本次计提商誉减值准备对公司的影响

公司本次应计提商誉减值准备 25,262.94 万元，将相应减少公司 2023 年归属于上市公司股东净利润 25,262.94 万元和 2023 年年末归属于上市公司股东的所有者权益 25,262.94 万元。

四、董事会审计与风险管理委员会关于本次计提商誉减值准备的意见

公司本次计提商誉减值准备符合《企业会计准则》的有关规定，计提商誉减值准备后能更加公允地反映公司资产状况，不存在损害公司及全体股东特别是中小股东利益的情况。因此，同意公司本次计提商誉减值准备。

国新文化 2023 年年报中披露的企业利润表主要信息如表 15-1 所示。

表 15-1　国新文化 2023 年度利润表部分信息

单位：元

项目	2023 年度	2022 年度
营业收入	383,814,687	468,681,846
营业成本	109,963,877	140,103,375
税金及附加	5,868,437	6,512,772

（续）

项目	2023 年度	2022 年度
销售费用	90,101,253	89,149,073
管理费用	71,310,074	67,065,343
研发费用	92,472,974	96,064,343
财务费用	−17,589,746	−21,108,821
其中：利息费用	521,659	561,023
利息收入	18,124,116	21,689,402
加：其他收益	26,574,496	29,302,779
投资收益	26,618,872	24,207,002
信用减值损失（损失以"−"号填列）	−2,842,276	1,908,419
资产减值损失（损失以"−"号填列）	−253,649,187	−3,076,507
资产处置收益（损失以"−"号填列）	2,280,784	524,342
营业利润	−169,329,491	143,761,798

中兴华会计师事务所（特殊普通合伙）对国新文化 2023 年年度财务报告出具的审计报告为标准无保留审计意见，其中的关键审计事项为：

关键审计事项是我们根据职业判断，认为对本期财务报表审计最为重要的事项。

（一）收入确认

1. 事项描述

2022 年度、2023 年度贵公司营业收入分别为 46,868.18 万元、38,381.47 万元。贵公司主要从事教育录播软硬件的开发和销售以及提供集成化服务。因营业收入是贵公司关键业绩指标之一，存在贵公司管理层（以下简称管理层）为了达到特定目标或期望而操纵收入确认时点的固有风险，因此我们将营业收入确认识别为关键审计事项。

2.审计应对

与评价收入确认相关的审计程序中包括以下程序：

（1）了解与测试贵公司与收入确认相关的关键内部控制的设计及运行有效性；

（2）了解和评价贵公司不同业务模式下的合同签订方式及内容，分析合同签订方的权利义务，检查各项履约义务的识别、一段时间履行履约义务和在某一时点履行履约义务的判断是否符合企业会计准则规定；

（3）结合产品类型对收入以及毛利情况执行分析，判断本期收入金额是否出现异常波动的情况；

（4）对本期记录的收入交易选取样本，核对合同、发票、发货单据、客户验收单、记账凭证等内、外部证据，向贵公司客户发函并取得回函，评价相关收入确认是否符合贵公司收入确认的会计政策，核实收入确认的真实性与准确性；

（5）就资产负债表日前后记录的收入交易，选取样本，核对合同、发票、发货单据、客户验收单、记账凭证等内、外部证据，以评价收入是否被记录于恰当的会计期间。

（二）商誉减值

1.事项描述

截至2023年12月31日贵公司合并资产负债表商誉账面价值为65,671.92万元，占资产总额25.56%，对财务报表整体具有重要性。对于企业合并形成的商誉，根据企业会计准则的规定，管理层需要每年对商誉进行减值测试，以确定是否需要确认减值损失。贵公司管理层通过比较商誉的相关资产组的可收回金额与资产组及商誉的账面价值，对商誉进行减值测试。资产组的可收回金额按照资产组的预计未来现金流量的现值与资产的公允价值减去处置费用后的净额两者之间的较高者确定，其预计的未来现金流量以 5 年期财务预算为基础确定。预测可收回金额涉及对资产组未来现金流量现值的预测，管理层在预测中需要做出重大判断和假设，特别是对于未来售价、生产成本、经营费用、折现率以及增长率等。鉴于商誉对财务报表整体具有重要性以及商誉减值测试涉及管理层运用重大会计估计和判断，因此我们将其作为关键审计事项。

2. 审计应对

对商誉减值测试与计量执行的审计程序包括：

（1）了解、评价并测试了贵公司与商誉减值测试相关的内部控制的设计和运行有效性；

（2）获取管理层进行减值测试时所聘用评估机构出具的评估报告，了解外部估值专家的工作范围、评估思路和方法等，评价其胜任能力、专业素质和客观性；

（3）获取并复核了商誉减值测试相关资料及计算过程，评价了专业评估机构及管理层在商誉减值测试时所使用的估值方法是否符合会计准则的要求，计算是否准确；

（4）评价资产组和资产组组合可收回金额的确定方法是否符合企业会计准则相关规定；

（5）分析管理层对商誉所属资产组的认定和进行商誉减值测试时采用的关键假设、参数、方法以及判断，检查相关假设、参数、方法以及判断的合理性；

（6）复核了与商誉相关的信息在财务报表中的列报与披露是否充分、适当。

在对上述信息进行分析之前，我先解释一下关键审计事项的风险警示含义。

注册会计师说，关键审计事项是"对本期财务报表审计最为重要的事项"。重要在哪里呢？请注意注册会计师关注了两个"最为重要的事项"，一个是收入确认，另一个是商誉减值。

对于使用审计报告的你来讲，完全没有必要咬文嚼字地去看注册会计师的解释及其理由和审计应对举措。你只需要关注，注册会计师挑出来的关键审计事项对利润表数字的"关键影响"就行了。

换句话说，注册会计师拎出来作为关键审计事项的内容，绝大多数都与利润表有关。比如，在国新文化的审计报告中，收入确认直接影响利润表第一行"营业收入"项目的大小，商誉减值损失计提的高低也将直接影响利润表中"资产减值损失"项目的大小，从而对营业利润产生直接影响。

> 这就是说，关键审计事项是对企业在资产质量和利润质量方面可能存在重大风险的提前警示。虽然注册会计师指出了关键审计事项，又没有说企业的处理有什么不当之处，但注册会计师在审计意见中指出的关键审计事项的提前警示性质是值得高度关注的。

综合上述几个国新文化信息，我们应该关注下面这些重要的信息点。

第一，关于商誉减值损失在年度间的分布。商誉的形成是在 2017 年，因收购奥威亚而形成，其规模高达 14.19 亿元。在收购后的前三年（即 2018 年、2019 年和 2020 年，可能是业绩承诺期），奥威亚表现得中规中矩，一切正常。但三年期一过，业绩立即变脸。在 2021 年，国新文化就对商誉进行了减值处理——对收购广州市奥威亚电子科技有限公司相关资产组所形成的商誉计提了减值准备 5.10 亿元。

之所以出现这样的商誉减值时间分布，可能的原因是在收购后的前三年被收购企业在某种目标的驱动下一直努力完成相关财务目标，而三年期一过，这种努力的动力不再存在，因而业绩也就下滑了。

第二，当年计提商誉减值所用关键参数与企业发展前景。

我找到了国新文化 2021 年年度报告，其中关于商誉减值的信息披露为：

奥威亚主营业务明确并且单一，该主营业务的相关收入成本具有相对独立性，符合资产组的相关要件，因此以该资产组为基础进行相关商誉的测试。奥威亚资产组预计未来现金流量现值（可收回金额）利用了中京民信（北京）资产评估有限公司 2022 年 4 月 15 日出具的《国新文化控股股份有限公司拟实施商誉减值测试涉及的广州市奥威亚电子科技有限公司与合并商誉相关资产组或资产组组合价值资产评估报告》（京信评报字〔2022〕第 050 号）的评估结果。

（1）商誉减值测试重要假设

①假设预测对象将按照原有的经营目的、经营方式持续经营，其收益可以预测。

②假设预测对象生产经营所耗费的原材料、辅料的供应及价格无重大变化，预测对象产品价格无不可预见的重大变化。

③根据《财政部税务总局发展改革委工业和信息化部关于促进集成电路产业和软件产业高质量发展企业所得税政策的公告》（2020 年第 45 号）、《国务院关于印发新时期促进集成电路产业和软件产业高质量发展若干政策的通知》（国发〔2020〕8 号），国家鼓励的重点集成电路设计企业和软件企业，自获利年度起，第一年至第五年免征企业所得税，接续年度减按 10% 的税率征收企业所得税。国家鼓励的重点

集成电路设计企业和软件企业清单由国家发改委、工信部会同相关部门制定。2020年度奥威亚通过了由国家发改委、工信部、财政部、海关总署、国家税务总局五部委联审确认的2020年国家鼓励的重点软件企业，假设预测对象2021年度及未来年度能够取得重点集成电路设计企业和软件企业的资质认定，能够继续享受10%的所得税税收优惠政策；假设评估基准日后被评估单位可根据《关于软件产品增值税政策的通知》（财税［2011］100号）持续享受增值税实际税负超过3%部分的即征即退政策。

④假设预测对象未来年度采用的会计政策和测试时所采用的会计政策在重要方面基本一致。

⑤国家有关部门现行的与预测对象所拥有的专利技术相关的产品技术标准无重大改变，预测对象不会出现专利技术的泄密。

（2）商誉减值测试关键参数

	预测期	预测期增长率	稳定期	稳定期增长率	利润率	折现率（税前加权平均资本成本）
奥威亚与合并商誉相关资产组	2022～2026年	【注】	永续	0	根据预测的收入、成本、费用等计算	13.48%

【注】：根据奥威亚已经签订的合同、协议、发展规划、历年经营趋势和市场竞争等因素综合分析，对预测日未来5年的收入、成本、费用等进行预测。目前奥威亚公司的主要产品为教育视频录播系统，主要由视频录播主机设备和相关软件及平台组成。通过和奥威亚销售部门访谈以及管理层的判断，了解各省市政府部门的教育投入规划、公司发展历史、业绩增长数据以及对期后发展规划、战略布局及精密结构件市场需求，预测期收入增长率为6.80%、5.26%、3.73%、2.96%、2.29%。

（3）商誉减值测试结果

经测试，公司因收购奥威亚相关资产组所形成的商誉应计提商誉减值准备510,137,655.91元。

从国新文化 2021 年对商誉减值测试所做的参数假设来看，它对奥威亚未来收入增长率的预测一直是往下走的，这应该意味着奥威亚的前景在 2021 年就已经不被看好了。如果国新文化对这种趋势的假设变成事实，则它对收购奥威亚所确认的商誉进行减值处理就是早晚的事了。

第三，两次商誉减值与奥威亚未来前景。

虽然在第二次进行减值处理之前经历了一个没有进行减值处理的年份（2022 年），但第二次商誉减值的规模是 2.53 亿元，与第一次减值规模合在一起已经达到了 7.63 亿元，占商誉规模 14.19 亿元的比例已经达到 50% 以上。

尽管如此，国新文化的商誉还存有一部分，说明在 2023 年来看，它认为奥威亚在未来还有一定的盈利能力。但因收购奥威亚所产生的商誉未来是否还会进行减值处理，还要持续关注。剩余的商誉如果在未来还要进行减值处理，将会进一步冲击未来的财务绩效。

商誉越高的企业，商誉减值对企业未来财务业绩的冲击也越大。

商誉低，不一定意味着风险小

前面看到的是商誉越高，可能的商誉减值对企业未来财务绩效的冲击就越大。那么，是不是商誉低就意味着企业风险一定小呢？

我把商誉的计算公式再展示一下：

收购方收购企业产生的商誉 = 收购方支付的交易对价（控制权收购所付出的代价）- 被收购企业净资产公允价值 × 股权交易百分比

这就是说，商誉的计算是一个减法运算过程：在交易对价和股权交易百分比一定的条件下，被收购企业净资产公允价值越高，商誉就越低。

既然如此，商誉低就未必风险小了。

几年前，我在一个场合讲授财务报表分析。在讲到商誉的时候，我问了一个问题：什么条件下，企业收购不产生商誉？

我想要的答案是：同一控制下的企业合并不产生商誉（请感兴趣的读者参阅任何一本高级财务会计教材）。

我问出问题后，马上有人抢答："老师，只要让被收购企业的公允评估价值等于交易对价，就没商誉了。"

我很诧异，就问："你怎么这么想呢？"

这个学员回答："我不但是这么想的，我也是这么做的！"

我继续说："有商誉是正常的，为什么你们的并购没有商誉呢？"

学员回答："因为现在都知道商誉不是什么好东西，而且很多公司商誉爆雷，所以我们就没有商誉了。"

想想看，消失的商誉去哪里了？

从这个学员讲的避免出现商誉的话中，你应该体会出，与商誉有关的风险已经悄然转移到相关资产的评估增值里面去了。

显然，一般资产很难出现特别大的增值。但无形资产因为其特有的"无形"特性，往往在降低商誉的企业收购中成为被收购企业资产评估增值幅度较大的项目。

下面我们看一个企业零商誉收购的案例。

在紫金矿业集团股份有限公司（简称紫金矿业）2020年年度报告中，企业披露了年度内收购的三个非同一控制下的企业信息。信息显示，三个收购，没有一个产生商誉。

下面我把其中一个企业的部分收购信息展示如下：

本集团于 2020 年 6 月 11 日与圭亚那金田签署《安排协议》，通过现金方式以每股 1.85 加元的价格收购圭亚那金田现有全部已发行且流通的普通股。截至 2020 年 8 月 24 日，本集团通过公开市场累计购入 12,597,200 股圭亚那金田股份。于 2020 年 8 月 24 日，本集团以现金方式支付对价 299,638,920 加元（折合人民币 1,571,162,610 元）收购圭亚那金田剩余 161,966,984 股。该项交易适用非同一控制下多次交易分步取得企业控制权的会计处理。于 2020 年 8 月 25 日，该《安排协议》根据加拿大商法进行备案完成后，本集团完成此次收购，持有圭亚那金田 100% 股权。圭亚那金田已于 2020 年 8 月 25 日发布公告，并正式从加拿大多伦多交易所退市。

圭亚那金田的可辨认资产和负债于购买日的公允价值和账面价值如表 15-2 所示。

表 15-2　圭亚那金田相关信息

单位：元

	2020 年 8 月 25 日公允价值	2020 年 8 月 25 日账面价值
货币资金	31,549,773	31,549,773
预付账款	9,653,810	9,653,810
其他应收款	108,967,334	108,967,334
存货	204,612,777	204,612,777
固定资产	390,411,319	390,411,319
在建工程	658,006	658,006
无形资产	1,185,872,424	—
长期待摊费用	—	143,278,796
递延所得税资产	307,335,169	307,335,169

（续）

	2020年8月25日公允价值	2020年8月25日账面价值
其他非流动资产	19,804,222	19,804,222
应付账款	12,113,334	12,113,334
应付职工薪酬	3,740,310	3,740,310
应交税费	11,842,054	11,842,054
其他应付款	18,853,281	18,853,281
长期应付款	101,007,180	101,007,180
递延所得税负债	260,648,405	-
预计负债	157,298,378	157,298,378
取得的净资产	1,693,361,892	911,416,669
交易对价	1,693,361,892	
其中：现金	1,571,162,610	
原持有股权在购买日的公允价值	122,199,282	

圭亚那金田自购买日起至本年年末的经营成果和现金流量如表15-3所示。

表15-3　圭亚那金田相关财务业绩

单位：元

	2020年8月26日至12月31日期间
营业收入	53,175,040
净利润	-1,075,571
经营活动产生的现金流净额	25,049,710

看明白商誉是怎么没了的吧？

当交易对价等于被收购企业的公允评估价值的时候，商誉就是零。

但是，零商誉收购企业的风险就低吗？

这要两说。

第一种情况，被收购企业盈利状况不佳，收购方按照被收购企业净资产的公允价值收购。在这种情况下，如果收购方能够通过自己的努力让曾经盈利能力较弱的企业在未来贡献较高的财务业绩，则零商誉的风险就是较小的。但如果收购方没有能力让这个曾经经营业绩不佳的企业在未来贡献较好的财务业绩，或财务业绩继续往下走，则看似便宜的收购也将面临较高的风险。

第二种情况，被收购企业盈利前景很好，但由于被收购企业净资产公允价值的估值已经很高了，收购方同意按照被收购企业净资产公允价值收购。在这种情况下，被收购企业资产评估的高增值对未来盈利有较高要求。如果在收购后，被收购企业在收购方的努力下，能够按照收购时的预期贡献财务业绩，则风险不大；如果在收购后，被收购企业不能在收购方的努力下按照收购时的预期贡献财务业绩，则零商誉的风险也是较大的。

一般来说，盈利前景不好的企业，无形资产评估增值不应该很高。当无形资产评估增值很高的时候，一般认为被收购企业的盈利前景是很好的。

紫金矿业收购圭亚那金田产生的零商誉，风险是高还是低，只能交给未来去评价了。

> 结论：高商誉收购与低商誉收购都可能面临高风险。风险的高低取决于在收购发生后，收购方能否通过自己的努力让被收购企业贡献出预期的价值。

本章重点讨论了商誉与企业风险的问题。

需要强调的是：在被收购企业盈利能力较好的情况下，其净资产的公允评估价值会不可避免忽略一些表外不可辨识的资产，从而导致被收购企业的净资产被低估。此时的交易对价适当高于被收购企业净资产的公允价值是正常的。因此，盈利能力较强的企业被收购，收购方产生一定规模的商誉是正常的。但过高的商誉就会给收购方带来风险。

相信通过本章的学习，你对企业商誉与企业风险的关系有了一定的认识。

留一个作业：把任何一个上市公司年度报告中披露的当年并购信息找出来，看看企业在并购交易中产生了多少商誉，被收购企业的评估增值是多少。体会一下商誉高低对企业未来的影响。

第 16 章　同一控制下的企业并购
要钱还是要命

同一控制下的企业并购与非同一控制下的企业并购

我在前面讲过，企业并购可以划分为同一控制下的企业并购和非同一控制下的企业并购。

关于并购（收购与兼并）的叫法，有的叫收购，有的叫合并。这些概念虽有差别，实质基本一致。对于本书读者，不用去理会这种差异。在本书中，我更多使用并购一词。

同一控制下是指收购方和被收购方在并购交易发生前被同一个实际控制人所控制，而非同一控制下则是指在并购交易发生前，收购方和被收购方被不同实际控制人分别控制。

按照一般会计惯例，同一控制下的企业并购无论并购发生在某一年度的什么时间，都视同在当年1月1日发生了并购，被收购企业全年的营业收入、营业成本、各项费用以及利润等均并入收购方的利润表，被收购企业的资产负债表和现金流量表自当年1月1日起的相关信息也并入收购方的合并资产负债表与合并现金流量表。

而且，同一控制下的企业并购还不产生商誉。

你可能会想：这种并购挺好——直接增加了收购方合并资产的实力、合并利润表中营业收入和相关利润以及合并现金流量表中展示出的活力。这种并购远比产生商誉的非同一控制下的企业并购容易得多，收购方风险要小得多。

你要这样想，就太简单了。哪有只有收益没有风险的事儿？

实际上，同一控制下的企业并购，虽然在会计处理上不会产生商誉，但被收购企业并入收购方后，往往会导致收购方的股权结构中直接增加收购方实际控制人所持有的本公司股份。

这就是说，实际控制人把自己的子公司（或孙公司等，也是收购方的兄弟公司或者侄公司）并入收购方（收购方也是实际控制人的子公司或孙公司），作为对收购方的入资。因此，收购方在增加自己公司净资产规模的同时，还要把自己的股本扩大。

如果被并入的兄弟公司或者侄公司体量足够大，收购方的股本就要因此而增加很多（增加的部分就是收购方实际控制人新增的对收购方所持有的股份）。当收购方的实际控制人新增的股份足够多的时候，收购方的股权结构就会出现根本性变化，从而导致收购方的治理出现重大变化——原有的其他股东因股份占比大幅度降低，而在收购方董事会里的话语权大幅度削弱甚至消失。

到这个时候，如果实际控制人在对收购方的治理过程中处处站在收购方全体股东的立场上去思考问题、去谋划企业，为全体股东创造价值，则对于收购方的全体股东而言，同一控制下的并购就是企业未来发展的新机遇，企业未来极有可能因此走上健康发展的轨道。

但是，如果实际控制人的目的是通过同一控制下的企业收购来强化对收购方的控制并将其纳入自己的发展轨道，忽视或侵占收购方广大中小股东的利益，则收购方未来的发展就会处于巨大的风险中。

从辅仁药业的退市看同一控制下的企业并购风险

我从 2022 年下半年开始做抖音短视频。在 2023 年 5 月 24 日，我又去录制抖音短视频。工作人员告诉我，2023 年 5 月 22 日，上市公司辅仁药业集团制药股份有限公司（简称辅仁药业）宣布退市。希望我讲一讲这个企业的退市原因。

真是不看不知道，一看吓一跳。原来，辅仁药业退市的病根儿，早就落下了。

1. 同一控制下的企业并购，为几年后退市埋下隐患

我看退市企业的财报有一个习惯：看看这个企业的财务业绩是怎样演变的。对于辅仁药业也是一样，我要看的不仅是这个企业 2022 年的财报数据，还要去看过去几年的财报数据。下面我把当天看到的信息梳理如下（见表 16-1）。

上表表明，在 2016 年的时候，辅仁药业的资产总计、股本和资本公积以及营业收入的规模均不大，营业利润的规模仅约 2000 万元。无论从哪个方面来看，辅仁药业在财务上都属于规模较小的公司。

在 2017 年，辅仁药业突然发力：企业的资产总计、股本和资本公积以及营业收入的规模均实现了跨越式发展。与此同时，企业营业利润的规模得到大幅度提升。

表16-1 辅仁药业部分合并报表数据

单位：亿元

	2022年	2021年	2020年	2019年	2018年	2017年	2016年
营业收入	14.69	15.12	28.91	51.71	63.17	57.80	4.96
营业利润	-28.37	-29.49	-13.78	6.57	11.17	9.59	0.20
利息费用	6.92	7.30	6.36	3.04	1.83	1.36	0.31
信用减值损失	18.29	19.27	9.21	0.60	0.41	0.34	0.01
其中：应收账款减值损失①	13.61	6.20	2.15	0.68	未区分	未区分	未区分
其他应收款减值损失	4.70	13.09	2.70	0.08	未区分	未区分	未区分
资产减值损失②	0.48	0.14	0.06	0.09	0.09	0.05	0.03
应收账款	8.85	22.46	37.10	36.38	28.39	23.62	0.67
其他应收款	4.40	9.54	11.41	18.20	0.17	0.20	0.07
资产总计	62.56	83.45	109.17	117.36	107.17	98.80	12.73
各类有息负债	36.17	41.93	44.54	40.94	40.36	36.18	6.74
应付利息	14.19	9.90	6.24	2.07	0.07	0.04	0.00
有息负债加应付利息之和	50.36	51.83	50.78	43.01	40.43	36.22	6.74
股本	6.27	6.27	6.27	6.27	6.27	6.27	1.78
资本公积	18.98	18.98	18.98	18.98	18.98	18.98	1.29

① 2018年前剔除坏账损失。
② 2018年前为资产减值损失中的坏账损失。
③ 包括短期借款、一年内到期的非流动负债、其他应付款中的有息负债、长期应付款等。

辅仁药业在财务上的高光时刻出现在 2018 年。在这一年，辅仁药业延续了上一年的发展态势，营业收入、营业利润和资产总计等均出现了一定程度的增长。企业似乎步入了健康、良性发展的快车道。

但是，这种"欣欣向荣"的财务状况在 2019 年戛然而止：虽然在 2019 年 12 月 31 日企业的资产总计达到创纪录的 117.36 亿元，但正是在这一年，企业的营业收入掉头朝下，跌落到 51.71 亿元，而营业利润也回调到 6.57 亿元，其规模不到上一年营业利润的 60%。与此同时，合并报表中与企业经营活动关联度较低的其他应收款项目在一年内就从年初的 0.17 亿元猛增到 18.20 亿元，而恰恰是企业 2020 年以后对其他应收款计提的巨额减值损失极大地冲击了企业的营业利润。当然，企业在应收账款上计提的减值损失构成了另外一个导致营业利润出现巨额亏损的主力军。

两项债权（应收账款和其他应收款）先迅速增加、后迅速计提减值损失，在很大程度上反映的是辅仁药业在 2019 年后组织行为的重大变化。

那么，为什么在几年以前（2016 年至 2018 年间）看起来还好端端的一个企业，在很短的时间内就出现了财务状况持续恶化的情况呢？这样一个看似不太容易实现的转变，企业是怎么做到的呢？

实际上，辅仁药业在 2017 年的一项重要并购，既成就了其短时间内基本业务规模的跨越式增长，也为其未来财务状况的持续下滑埋下了隐患。

辅仁药业 2017 年的这项重要并购是怎样的呢？

辅仁药业 2017 年年度报告显示，在这一年，辅仁药业完成了一项同一控制下的企业并购。相关信息如表 16-2 所示。

表 16-2 辅仁药业 2017 年收购信息

被并购方名称	企业并购中取得的权益比例	构成同一控制下的企业并购的依据	并购日	并购当期期初至并购日被并购方的收入	并购当期期初至并购日被并购方的净利润
开封制药（集团）有限公司	100.00%	并购前后共同受辅仁药业集团有限公司控制	2017年12月26日	52.72 亿元	7.70 亿元

原来，辅仁药业 2017 年度的营业收入、资产规模等之所以有了跨越式发展，主要应归功于 2017 年 12 月 26 日的这次并购。企业在 2017 年年度报告中披露，2017 年 12 月 21 日，中国证监会核发《关于核准辅仁药业集团实业股份有限公司重大资产重组及向辅仁药业集团有限公司等发行股份购买资产并募集配套资金的批复》（证监许可［2017］2367 号），核准辅仁药业重大资产重组及向辅仁药业集团有限公司等交易对象发行股份 449,564,648 股购买相关资产。

请注意，尽管并购发生的时间是当年 12 月 26 日，但由于是同一控制下的企业并购，被并购企业 2017 年全年的营业收入和利润等财务数据均要并入辅仁药业的合并报表，视同 2017 年 1 月 1 日被并购。

在资产负债表方面，同一控制下的企业并购在并购方辅仁药业的合并资产中虽然不产生商誉，但对股东权益的重要项目——股本则产生了重大影响：在 2017 年 12 月 31 日，正是当年的并购导致了企业的股本从年初的 1.78 亿元猛增到年末的 6.27 亿元！

这种股权规模的巨大变化导致了辅仁药业股权结构的显著变化：无论在此次并购前辅仁药业的股权结构如何，新增加的股份（449,564,648 股）规模都远远大于并购发生前的 177,592,864 股。控股股东对辅仁药业的控制力得到了明显强化。

这种强化对企业的根本性影响是：如果辅仁药业能更多站在全体股东立场去谋求企业发展、最大限度谋求企业整体价值最大化，则公司将朝着有利于包括控股股东在内的全体股东的利益最优化的方向发展；但如果辅仁药业只是更多体现控股股东意志，则辅仁药业的组织行为和财务状况就可能朝着有利于控股股东而可能不利于其他股东的方向发展。

2. 退市风险早有预警

实际上，如果你在2020年仔细阅读注册会计师对辅仁药业2019年财务报告出具的审计报告，你就会对这个企业面临的巨大风险有所警惕。虽然你不可能知道这个企业什么时候退市，但当你看到这样的审计报告的时候，就应该考虑远离这个企业了。下面看看注册会计师当年说了什么。

为了更全景式展示辅仁药业审计报告的演变，我对这一时期的审计报告中与风险有关的关键内容进行了梳理，如表16-3所示。

上表显示，在2006年至2018年之间，注册会计师出具的是标准无保留意见的审计报告。从2019年开始（尽管后来企业连续更换了两次审计机构），注册会计师出具的审计报告风险含义最低的是保留意见审计报告，其他则均为风险警示程度很高的无法表示意见审计报告。

注册会计师出具的审计报告类型，一般可以分为四种：无保留意见审计报告、保留意见审计报告、无法表示意见审计报告、否定意见审计报告。

一般来说，被出具无保留意见审计报告的企业的财报信息质量最高，注册会计师对企业的会计处理没有重大不同意见，企业风险相对

第16章 同一控制下的企业并购：要钱还是要命　197

表 16-3　辅仁药业相关年度审计意见部分内容

	2022年	2021年	2020年	2019年	2006年至2018年
审计意见类型	无法表示意见	无法表示意见	保留意见	无法表示意见	无保留意见
导致无法表示意见（保留意见）的基础	1.控股股东及其关联方违规占用资金及违规对外担保 2.诉讼（仲裁）案件的影响 3.应收款项的可收回性 4.借款的准确性和完整性 5.与持续经营相关的重大不确定性	1.控股股东及其关联方违规占用资金及违规对外担保 2.诉讼（仲裁）案件的影响 3.应收账款的可回收性 4.审计范围受限 5.借款的准确性和完整性 6.期后事项对账务报表的影响 7.与持续经营相关的重大不确定性	1.控股股东及其关联方违规占用资金及违规对外担保 2.诉讼（仲裁）案件的影响 3.应收账款的可回收性 4.与持续经营相关的重大不确定性	1.控股股东及其关联方违规占用资金及违规对外担保 2.违约债务、诉讼（仲裁） 3.预付款项、其他应收款的商业实质及可回收性 4.应收账款的确认、计量与列报的恰当性 5.中国证券监督管理委员会立案调查 6.与持续经营相关的重大不确定性	不适用
关键审计事项（2017年前关键审计事项略）	深圳旭泰会计师事务所	无	1.营业收入确认 2.存货可变现净值	无	2018年关键审计事项： 1.应收账款坏账准备 2.收入确认
审计机构	深圳旭泰会计师事务所	深圳旭泰会计师事务所	北京兴华会计师事务所	瑞华会计师事务所	瑞华会计师事务所

较低；被出具保留意见审计报告的企业的财报信息质量除了部分保留事项外整体可接受，注册会计师对保留事项外的财报信息没有重大不同意见，企业风险有所增加；被出具无法表示意见审计报告的企业的财报信息质量在整体上注册会计师难以把握，企业风险很大；被出具否定意见审计报告的企业的财报信息质量在整体上遭到了注册会计师的否定，基本不可信，企业风险极大。

特别需要注意的是，辅仁药业的注册会计师为其出具审计意见的转折，并不是渐进式进行的，而是直接从上一年度的标准的无保留意见变为无法表示意见，而且这种重大变化是在审计机构没有变更的条件下出现的。这意味着，在注册会计师看来，企业在整体上出现了重大的风险。而这种风险的存在，极有可能使企业在财务上走向不可逆转的不归路。

这就是说，早在2020年，注册会计师就对企业的未来风险做出了预警。你如果关注到这种预警，是不是要考虑远离这个企业了？

但遗憾的是，就是有人或机构一直陪着这个企业一步一个脚印地迈向深渊。如果因此而遭受损失，你怨得了谁？

3. 注册会计师最早的预警信息包含了多方面风险

从前面的列表信息可以看到，注册会计师最早的预警信息在对企业2019年财务报告出具的审计报告中就发出了，时间是在2020年6月22日。

注册会计师指出的几点内容中包含了哪些风险因素呢？

（1）控股股东及其关联方违规占用资金及对外担保

审计报告指出："截至2019年12月31日，辅仁药业向控股股东辅仁药业集团有限公司及关联方提供借款余额163,562.50万元，向控股股东辅仁药业集团有限公司及关联方提供连带责任担保14,000.00万元（尚有担保余额5,980.00万元），该事项未经辅仁药业公司董事会、股东大会审议。"

请注意，上述事项所揭示的既不是企业决策的风险管控问题，也不是企业日常经营管理的风险管控问题，而是超越企业决策与日常经营管理的更高层次的风险问题——企业的公司治理可能存在着严重的问题。

注册会计师披露上述内容一定是有证据的。相关证据应该显示出：企业不经董事会和股东大会的审议，就把公司及其子公司的巨额真金白银提供给控股股东及其关联方，并为控股股东及其关联方提供担保。这意味着，企业已经在相当程度上变成了控股股东及其关联方的提款机了。

此外，注册会计师还指出："我们通过查询公开诉讼（仲裁）信息发现，以辅仁药业公司及其子公司名义对外借款由控股股东及其关联方使用，为控股股东及其关联方提供担保，且均未按相关规定进行账务处理并及时披露。"

本来，一家企业从金融机构借款，相关款项理应汇入借款企业自己的账户中，然后由借款企业按照借款时约定的借款用途对借款进行使用，进而按照约定偿还借款本金和利息。但上述描述却向我们展示了另外一种可能的场景：相关款项可能并没有进入借款企业的账户，而是进入了控股股东及其关联方的账户！这种情形的出现，直接说明辅仁药业的财务会计处理存在重要缺陷。

一个企业的财务会计处理出现这么大的缺陷，信息质量就大打折扣了。

(2) 违约债务、诉讼（仲裁）

审计报告指出："辅仁药业公司债务逾期不能偿还，已构成违约并涉及诉讼。截至 2019 年 12 月 31 日，逾期债务本金及利息合计 238,556.58 万元，占账面负债总额 40.50%。"

常识告诉我们：如果企业的业务有不断扩大的市场份额或营业收入持续增长、盈利能力较强且经营活动产生现金流量能力也较强，只要企业不进行超出其自身经营与投资需求的过度债务融资，一般不会出现债务违约的问题。

当出现债务违约、诉讼（仲裁）缠身的时候，企业的资产质量、盈利质量就有可能存在着较大的风险：企业很难用自身的经营活动和投资活动产生的现金流量来正常偿还债务，或企业很难通过新的筹资来偿还现有到期债务。

这就是说，企业不但通过自身经营活动与筹资活动产生现金的能力不能解决还债问题，想借新的贷款也很难。

(3) 预付款项、其他应收款的商业实质及可收回性

审计报告指出："辅仁药业公司通过供应商（亳州市济荣堂中药材销售有限公司、亳州市祥润中药材贸易有限公司）、其他往来单位（郑州云之顶商贸有限公司、开封盈天商贸有限公司、许昌宝隆印务有限公司）向控股股东及关联方支付资金，以及与辅仁药业公司子公司进行资金周转。我们无法就辅仁药业公司与上述供应商和往来单位的商业实质和可收回性，以及是否存在关联方关系获取充分、适当的审计证据，因此我们也无法判断预付款项、其他应收款项目对财务报表可能产生的影响。"

在审计过程中，当注册会计师质疑企业某些项目或业务会计处理的"商业实质"的时候，往往意味着注册会计师质疑企业会计处理的恰当性。当认为这种质疑所涉及的内容意义重大且不能通过审计过程来解决的时候，注册会计师就可能在审计报告中列示出来，作为支持其出具非标准无保留意见审计报告的依据。

这就是说，到出具审计意见的时候，注册会计师仍然不能确定预付款项和其他应收款的会计处理是否恰当反映了企业的相关业务。

当不属于预付款项性质和其他应收款性质的支出被计入预付款项和其他应收款的时候，相关会计信息还能信吗？

（4）应收账款的确认、计量与列报的恰当性

审计报告指出："辅仁药业公司全资子公司开封制药（集团）有限公司2019年度主营业务收入464,294.92万元，2019年12月31日应收账款账面余额377,603.72万元，其中1年以内应收账款余额343,880.34万元，占2019年度主营业务收入的74.07%；开封制药（集团）有限公司2019年度向圣光集团医药物流有限公司等96家客户销售7.26亿元，开封制药（集团）有限公司全资子公司河南同源制药有限公司2019年度向安徽益信堂医药有限公司等226家客户销售1.58亿元，截至2019年12月31日该等公司当期销售款当期均未回款。在审计中发现，开封制药（集团）有限公司货币资金内部控制运行存在重大缺陷。"

从上述描述中，我们可以清晰地体会到，注册会计师对开封制药（集团）有限公司在2019年度确认的收入是否恰当是高度质疑的，其中"该等公司当期销售款当期均未回款"是在质疑企业营业收入确认恰当性的同时，对企业应收账款质量也提出了质疑。这表明注册会计

师对企业关于销售的会计处理是否遵循了企业会计准则要求的质疑：这些销售的会计处理有业务依据吗？

上述问题的风险在于，一方面，如果企业在本期确认营业收入所对应的赊销债权最终都不能回收，则这些债权就会在未来变成坏账，从而冲击未来某会计期间的营业利润；另一方面，这种"当期销售款当期均未回款"的"业务模式"如果持续进行下去，企业经营活动产生的现金流量将会逐渐枯竭。

（5）中国证券监督管理委员会立案调查

审计报告对此事项的描述是："因公司涉嫌违法违规，中国证券监督管理委员会决定对公司立案调查。截至本审计报告出具日，调查工作仍在进行中。"虽然后续的发展显示，此次证监会对该公司的立案调查并没有导致它出现退市的风险，但"公司涉嫌违法违规"会在相当程度上影响公司对其顾客、雇员、供应商、信贷债权人以及股东等利益相关者社会责任的履行。

（6）与持续经营相关的重大不确定性

审计报告指出："截至 2019 年 12 月 31 日，辅仁药业资金流动性困难，面临债务逾期无法偿还以及对外担保承担连带赔偿的资金压力，同时涉及多起诉讼，部分银行账户及资产被冻结，持续经营能力存在重大不确定性。"

"与持续经营相关的重大不确定性"是对面临重大财务困境、可能在可预见的将来在财务上出现难以为继局面企业经常采用的一种描述。

是不是感觉这个企业已经摇摇欲坠了？

企业还是很有韧劲的：扛了将近三年才退市。

应该说，企业的资金流动性困难、债务逾期无法偿还、担保连带赔偿压力、诉讼不断、资产被冻结等固然会在短时间内严重影响企业的持续经营，但并不必然导致企业最终出现严重的财务困境：如果企业的产品或服务的市场地位和竞争力不断提升，经营活动产生的现金流量净额足够充分且企业有较为丰富的筹资手段，企业是有可能安然度过短时间内的财务困境的。而对上述财务困境的克服，除了企业在经营管理方面的不断努力外，还根本地取决于企业控股股东所拥有的财务资源以及控股股东希望利用被控制企业达到什么样的目的。如果控股股东不在"控股股东及其关联方违规占用资金及对外担保"方面进行克制并尽力消除现有的因"控股股东及其关联方违规占用资金及对外担保"所导致的财务困境，那企业未来的前景就不好说了。

4. 频繁更换会计师事务所，仍不能扭转企业退市命运

在注册会计师于 2020 年 6 月 22 日对企业 2019 年年度财务报告出具无法表示意见的审计报告后，企业更换了会计师事务所——既然你无法表示意见，我就无法再请你给我审计了。当然，这种审计机构更换，也可能是正常的更换。

（1）企业在 2020 年更换了审计机构，审计意见的风险形象有所改善

需要注意的是，会计师事务所的变更不一定完全与被更换事务所出具的审计意见有关，既可能是由于瑞华会计师事务所担任审计的时间达到了必须更换的时间而进行的正常调整，也可能是由于辅仁药业希望通过更换会计师事务所改善审计意见而进行的调整。

变更事务所后，审计意见改善了：由上一年的无法表示意见变更为保留意见。

果然有效果。

请注意，虽然变更后的北京兴华会计师事务所出具的是保留意见的审计报告，改善了辅仁药业 2020 年年度财务报告的风险形象，但导致注册会计师出具保留意见的事项是控股股东及其关联方违规占用资金及违规对外担保、诉讼（仲裁）案件的影响、应收账款的可收回性、与持续经营相关的重大不确定性，这四项与 2019 年年度财务报告导致注册会计师出具无法表示意见审计报告的因素几乎相同。除此之外，企业增加了两个关键审计事项作为补充风险提示：一是营业收入的确认，二是存货可变现净值。

这说明，虽然注册会计师出具的审计意见有所改善，但从整体来看，企业财报中的主要风险因素并没有得到消除。

（2）企业在 2021 年继续更换审计机构，注册会计师连续出具无法表示意见的审计报告

尽管北京兴华会计师事务所对辅仁药业 2020 年年度财务报告出具了保留意见的审计报告，改善了辅仁药业财务报告的风险形象，但辅仁药业仍然在 2021 年更换了审计机构，新的审计机构是深圳旭泰会计师事务所。

这应该意味着，虽然北京兴华会计师事务所出具的审计意见已经很"友好"了，但企业可能还是不满意。

不满意就换。

但是，更换后注册会计师对企业 2021 年、2022 年的年度财务报告还是连续出具了无法表示意见的审计报告。显然，这次审计机构的变更不但没有导致审计意见变得"更好"，反而更差。

实际上，深圳旭泰会计师事务所指出的导致无法表示意见的事项，与瑞华会计师事务所对辅仁药业 2019 年年度财务报告出具的审计报告中所提示的事项在主要方面是一致的。

这就是说，自 2019 年以来，影响辅仁药业健康发展的主要风险因素一直存在。这种风险因素的长期存在，最终形成了导致企业退市的强大力量。而导致企业退市的根本原因，就是企业在 2017 年的同一控制下的企业合并。

看来，产生商誉的非同一控制下的企业并购，被收购企业原股东要的是钱；本案例不产生商誉的同一控制下的企业并购，实际控制人要的是命——这个上市公司很快就退市了！

当然，并不是所有进行同一控制下的企业并购的实际控制人都是来要企业命的。实际控制人到底是来干什么的，要根据企业未来的组织行为来判断。

■ ■ ■

本章讨论了不同的并购方式与企业风险的问题，重点分析了辅仁药业因并购而退市的问题。

相信通过本章的学习，你对企业并购与风险的关系有了新的认识。

留一个作业：把任何一个曾经出现过同一控制下的企业并购的上市公司的年度报告找出来，找出相关信息，看看企业在这种并购交易中增加了多少股本，公司董事会成员在并购发生后是怎么变化的。体会一下同一控制下的企业并购对企业未来的影响。

第 17 章　怎样看待收购对价的高低

我们在前面看到，非同一控制下的企业并购往往会以较高的对价成交，从而导致在收购方合并报表中有较高的资产评估增值以及商誉。而过高的资产评估增值和商誉往往会像悬在收购方头顶上的利剑，不知道在什么时候会落下来，让企业爆雷。

这就出现了一个问题：怎样看待收购对价——被收购企业交易价值的高低问题？

实际上，被收购企业估值的高低与收购方的交易目的有直接关系。

这里的交易目的指的是收购方持有被收购企业股权的时间长短问题：是长期持有，还是短期持有？

想想看，你在股市中购买一个特定企业股票的时候，你最关心什么？

如果你看好一个企业的发展前景，而且短时间内也不缺钱，你可能关心的是：这个企业从长期来看股价的走势会怎样？当你认为这个企业的股价处于较低水平，未来发展前景很好且股价从长期来看会涨得不错，未来会给你带来你所预期的投资回报的时候，你就会购买它的股票并长期持有，而且不会特别关注该企业股价短期的波动。这就是所谓投资的长期主义。

当然了，也可能你的判断是不对的，这个企业未来的财务业绩及股价走势远不如你的预期，如果出现这个结果，你就可能遭受投资损失了。

短期持有股权的交易价值考量

很多在资本市场里面进行股票投资的投资者并不是长期主义者，他们非常关心短时间内特定企业的股价变动趋势如何。如果在投资过程中投资者发现某特定企业的股价虽然较高，但预计其股价在短时间内会继续冲高的时候，他们就可能毫不犹豫地购入这类股票，并会在股价涨到预期位置的时候再将其出售。

同样，他们的判断未必是准确的，因为决定股价的因素很多。在他们不能按照预期操作股票的时候，他们就可能遭受投资损失。

企业并购也一样：有的企业收购其他企业，不是为了长期持有，而是为了经过一段时间的短期持有后将其出售并获得利润；有的企业收购其他企业，是为了自身的战略目标——要么实现产品的多元化布局，要么实现企业发展的多地化布局，要么实现企业估值基础的转型升级（如美的集团在2017年收购库卡，不仅增加了营业收入、实现了产品结构"高端制造业"的形象改变，还改变了企业的估值基础——传统制造业与高端制造业的估值基础是不同的），要么单纯增加利润表的规模，等等。

我们下面看一下，复星医药收购的企业在短期交易方面的操作。

表 17-1 摘录了复星医药 2021 年、2022 年年报中的合并利润表的部分内容。

表 17-1　复星医药 2021 年、2022 年合并利润表的部分内容

单位：万元

报表类型	2022 年 合并报表	2021 年 合并报表
营业收入	4,395,155	3,900,509
营业成本	2,316,969	2,022,827
税金及附加	22,780	23,446
销售费用	917,118	909,889
管理费用	382,810	321,583
研发费用	430,209	383,448
财务费用	64,740	46,406
其中：利息费用	96,381	82,253
利息收入	28,263	23,373
加：其他收益	38,415	32,783
投资收益	437,784	462,383
公允价值变动（损失）/ 收益	−249,837	35,230
资产减值损失	−27,249	−82,987
信用减值损失	−6,537	−7,402
资产处置收益 /（损失）	12,560	−1,542
营业利润	465,666	631,374

表 17-1 显示，复星医药在 2021 年和 2022 年连续两年出现了投资收益强力支持营业利润的情况。

是不是感觉很神奇？如果没有这救命的投资收益，企业的营业利润规模就会下一个大台阶。

面对在营业利润中如此高的投资收益规模，你可能会想：复星医药的投资搞得不错，能够连续为企业贡献高规模的利润。但如果你看了企业投资收益的结构，你可能就有另外的认识了。

我们看看它投资收益的具体构成（见表17-2）。

表17-2　复星医药2021年、2022年合并利润表中投资收益的构成

单位：万元

报表类型	2022年 合并报表	2021年 合并报表
权益法核算的长期股权投资产生的收益	183,515	178,914
处置长期股权投资产生的投资（损失）/收益	−193	68,725
处置子公司投资收益	35,184	201,311
处置交易性金融资产取得的投资收益	208,940	7,578
其他非流动金融资产在持有期间取得的收益	2,631	4,079
交易性金融资产在持有期间取得的收益	3,666	710
其他权益工具投资的股利收入	20	1
处置其他非流动金融资产产生的投资收益	4,022	1,065
合计	437,784	462,383

表17-2展示了复星医药多方面的投资收益。请注意，在2021年，如果没有"处置子公司投资收益"201,311万元的"驰援"，企业的投资收益乃至营业利润会大幅度下滑。

到了2022年，由于"处置交易性金融资产取得的投资收益"表现非常好，"处置子公司投资收益"也适当"休息"了一下，仅贡献了35,184万元。

是不是有一种"时刻准备着"的感觉？企业持有的部分子公司控制权，可能就是为了交易而持有，时刻准备在关键时刻出售并对营业利润形成强力支撑？

当然，被处置的子公司不一定就是收购来的，可能是自己设立的。企业处置子公司股份，也并不一定是为了"驰援"营业利润，而可能是因为它不符合企业整体的发展战略而必须进行处置。但无论如何，企业积累的可用于处置的子公司是较多的，处置子公司确实有显著影响投资收益的效果。

> 强调一下：为交易而去收购的子公司，其估值乃至最终的交易对价被投资方认可的着眼点是投资方认为自己能够在短时间内将其出售并获得利润。

长期持有股权的交易价值考量

那么，怎样看待长期持有的被收购企业的交易对价呢？

实际上，长期持有被收购企业控制权的目的是多方面的。

收购方收购其他企业，有的是要单纯增加企业利润表的营业收入和利润。只要被收购企业有营业收入和正的净利润，被收购企业就可能对收购方的利润表改善有帮助。（当然，也有可能因收购代价过大而出现一方面被收购方能够合并利润表中的营业收入和相关的利润，另一方面又同时出现合并利润表中的利润因与被收购企业有关的商誉减值损失而减少的情况，甚至出现被收购企业增加的利润还不如增加的商誉减值损失大的情形。）此时被收购企业的价值主要是贡献利润表中的营业收入和利润。

收购方收购其他企业，有的是要在改善企业利润表营业收入和利润规模的同时，还要进行营业收入的多元化布局，从而改变收购方的估值基础。美的集团在 2017 年对库卡的收购，一方面增加了美的集团的营业收入，另一方面则让美的集团业务结构的多元化和科技形象得到提升，从而使得企业在资本市场上的估值基础发生了变化。

收购方收购其他企业，有的则是要对企业业务进行地区布局，从而实现在特定区域的业务发展。如一些建材企业，本身从事的就是专业化的业务，地区布局对企业业务发展的战略意义十分重大。这类企业进行收购往往着眼于企业在不同地域市场的布局，通过地域布局实现企业营业收入和利润的持续增长。

收购方收购其他企业，有的是要消除竞争。把原来的竞争对手收购过来，让其成为自己的子公司，从原来的竞争关系改变为互利的关系，从而实现收购方与被收购方资源的系统整合。

请注意，无论收购方以上述哪一种为目的，都具有战略意义。

具有战略意义的收购，收购方的着眼点既有财务方面的，也有非财务方面的。

如果收购方看中的是被收购企业的财务能力，就会把被收购企业在收购完成后的盈利能力持续性作为重要的关注点，对于盈利能力高的企业，收购方是可以付出较大代价去收购的。

如果收购方看中的是被收购企业在非财务方面的贡献，其关注点往往不是财务上的投资回报，而是从整体上、根本上考虑收购成功对收购方的意义。如果收购方认为被收购企业在某些方面可以产生独有贡献，而自己又可以承受较高的收购代价，甚至可以承受收购失败的代价，就会在一定的代价范围内推动收购交易的实现。

当然，从长期来看，被收购企业一定要融入收购方的整体战略中，为实施收购方的整体战略做出收购方期待的贡献。

下面看一下海尔智家股份有限公司（简称海尔智家）在 2023 年的两个收购。

据海尔智家 2023 年年度报告，企业主要从事家电的研发、生产及销售工作，涉及冰箱/冷柜、厨电、空调、洗衣设备、水家电及其他智能家庭业务，以及提供智能家庭全套化解决方案。

海尔智家 2023 年年度报告披露了企业当年的两个非同一控制下企业合并信息（见表 17-3 至表 17-6）。

表 17-3　交易基本情况

被购买方名称	股权取得时点	股权取得成本	股权取得比例（%）	股权取得方式
Europalters Italia S.r.l.	2023 年 4 月	2,292,460 欧元	100	收购
同方能源科技发展有限公司	2023 年 9 月	144,952,720 元	80	收购

购买日	购买日的确定依据	购买日至期末被购买方的收入	购买日至期末被购买方的净利润
2023 年 4 月	股权交割	20,682,401 欧元	−710,404 欧元
2023 年 9 月	股权交割	59,323,067 元	3,016,133 元

表 17-4　合并成本及商誉

	Europalters Italia S.r.l.（欧元）	同方能源科技发展有限公司（元）
现金	2,292,460	144,952,720
合并成本合计	2,292,460	144,952,720
减：取得的可辨认净资产公允价值份额	−16,032,934	116,374,008
商誉的金额	18,325,394	28,578,712

表17-5 Europalters Italia S.r.l. 于购买日的可辨认资产、负债相关数据

单位：欧元

	公允价值	账面价值
货币资金	97,231	97,231
应收款项	3,319,509	4,470,509
存货	387,481	516,481
其他流动资产	3,065,716	2,153,680
商誉	0	6,727,210
长期资产	686,897	339,897
短期借款	3,026,876	3,026,876
应付款项	173,081	173,081
应交税费	33,253	33,253
应付职工薪酬	418,771	418,771
其他应付款	10,189,660	10,189,660
一年内到期的非流动负债	9,303,819	2,784,819
长期负债	444,308	444,308
净资产	−16,032,934	−2,765,760
减：少数股东权益	0	0
取得的净资产	−16,032,934	−2,765,760

表17-6 同方能源科技发展有限公司于购买日的可辨认资产、负债相关数据

单位：元

	公允价值	账面价值
货币资金	5,434,042	5,434,042
应收款项	118,584,316	118,584,316
存货	8,447,305	8,447,305
其他流动资产	4,232,145	4,232,145
固定资产	26,628,037	26,628,037

(续)

	公允价值	账面价值
在建工程	32,508,205	32,508,205
使用权资产	6,610,521	6,610,521
无形资产	113,275,924	79,811,057
其他长期资产	35,792,289	35,792,289
短期借款	18,000,000	18,000,000
应付款项	111,720,140	111,720,140
应付职工薪酬	1,491,774	1,491,774
应交税费	2,547,377	2,547,377
一年内到期的非流动负债	14,230,527	14,230,527
其他流动负债	7,947,389	7,947,389
租赁负债	3,712,528	3,712,528
长期应付款	21,950,650	21,950,650
其他非流动负债	21,712,054	13,345,838
净资产	148,200,346	123,101,696
减：少数股东权益	31,826,338	26,806,608
取得的净资产	116,374,008	96,295,088

对于上述交易，有几点值得关注。

第一，关于不同企业评估价值的特征。

我们看一下资产评估师对 Europalters Italia S.r.l.（简称欧洲公司）的评估情况。

你会发现，在这个评估结果里，大多数项目都有变化，如应收款项、存货的价值出现了显著减少，一年内到期的非流动负债显著增加。这些变化是符合常识的：应收款项极有可能遭遇减值损失，存货也可能由于各种原因出现减值损失。

评估结果的企业净资产评估价值显著低于账面价值,意味着评估师在整体上并不看好欧洲公司的资产质量。

这种评估结果与我们看到的中国资本市场上大量出现的评估结果显著高于账面价值的情形形成了鲜明对照。

我们再看看资产评估师对同方能源科技发展有限公司(简称同方能源)的评估结果。

你会惊讶地发现,在这个评估结果里,除了无形资产等项目外,大多数项目都没有变化,如应收款项的价值在评估后与评估前相比没有任何变化。你可能会问:评估师对这些项目评估了没有?如果评估了,怎么会一点都不差呢?

我绝对相信,评估师独立、客观、公正和专业地进行了评估。但是,常识告诉我们:除了货币资金以外,一项资产的评估结果与账面价值相等是不难的,大多数资产的评估结果与账面价值相等是很难的。出现这种情况,只能说同方能源资产的账面价值太公允了。

这应该意味着评估师在整体上看好同方能源的资产质量和盈利前景。

当然,不同评估师的评估质量也是不同的,这也会影响特定企业净资产评估价值与账面价值之间的差额。

第二,关于被收购企业的价值与商誉。

海尔智家上述两个收购都出现了商誉,其中收购欧洲公司股权因评估价值是负数,产生的商誉还大于收购对价。

这意味着什么呢?

强调一下,收购企业,不是收购企业的过去,而是收购其未来。即使被收购企业的公允评估价值仍然是负数,如果收购方对其未来价值的释放有信心,就可能以远高于公允评估价值的对价进行交易。

在收购欧洲公司的过程中,海尔智家考虑的应该不是该公司在短时间内的财务业绩，而是该公司所具有的海尔智家在短时间内难以具备的某种能力。为了获得这种能力，海尔智家愿意付出较高的代价，即使评估师并不认为那家欧洲公司有什么价值。或者海尔智家认为自己有能力在一段时间之内通过自己的管理和治理让欧洲公司自身实现盈利，因而也不在乎欧洲公司短时间内的亏损问题。

第三，关于收购的目的。

从海尔智家2023年年报中，我没有看到更详细的关于上述两家被收购企业的业务和市场状况。但从两家公司的名字来看，一家在欧洲，一家在中国境内开展能源领域的业务。从收购对价的规模、两家公司的资产规模以及两家企业被收购后的营业收入和净利润（欧洲公司还亏损）来看，海尔智家收购这两家企业的目的应该不是简单地增加企业利润表的营业收入和利润，而是有更大的战略目标：欧洲公司可以为企业在欧洲业务或研发的发展贡献力量，同方能源则可能为海尔智家进军或拓展能源领域的业务发挥重要作用。

看来，欧洲公司的地域和同方能源的业务扩展特色成了两家公司让海尔智家高商誉收购的重要原因。

第四，关于被收购企业未来的财务走势。

先说一下欧洲公司。

非常遗憾，欧洲公司在收购当年就亏损了。所幸的是亏损规模并不大，对海尔智家的财务业绩冲击不大。在未来的财务走势方面，欧洲公司或许在海尔智家的治理和管理下，在服从于海尔智家发展战略的基础上实现扭亏为盈，不仅在财务上不拖累海尔智家，而且在业务上能够助海尔智家在欧洲的业务发展取得更积极进展。

再说说同方能源。同方能源当年实现了一定规模的盈利。但是，必须注意的是，同方能源的未来能否盈利，是很难按照惯性去预测的。这是因为，按照一般惯例，海尔智家应该对同方能源的董事会进行改组，并重新任命经营管理团队。在海尔智家的治理下，同方能源新的管理团队能否按照海尔智家的预期去释放财务业绩是需要时间来证明的。

■■■

本章讨论了持有被收购企业股权时间长短与被收购企业估值的关系问题：收购后短期持有被收购企业股份的收购方更加关注出售机会；而收购后长期持有被收购企业股份的收购方更关心被收购企业的战略性、长期性贡献。

相信通过本章的学习，你对企业并购估值的问题有了新的认识。

留一个作业：把几年前任何一个曾经出现过的非同一控制下的企业并购信息找出来，追踪一下这期间被收购企业为收购方做了哪些贡献，是否出现了与收购企业有关的减值损失，体会一下企业并购的价值确定基础。

第 18 章　收购对价的底线在哪里

现在，在非同一控制下的企业收购中，高代价收购产生高无形资产评估增值和较高规模商誉、很快出现无形资产和商誉减值的"规律"在很多上市公司出现。

很明显，凡是有这种"规律"的企业，站在收购方的角度来看，都应该是在收购的时候，对被收购企业未来的价值释放能力估计过高。

在本章，我们就专门讨论一下**以提升利润表盈利能力为目的的收购对价底线**问题。讨论的**收购类型是非同一控制下的企业收购**，因此，本章后面的内容不再特别强调是非同一控制下的企业收购。

现在的问题是，站在财务可持续的立场上看，收购方收购对价的底线在哪里？

所谓底线，就是收购方可以支付的最大对价。超过这个对价，收购方的投资回报就会受到伤害。

收购方以收购前自身的投资回报率为评估基准

站在收购方的立场来看，被收购方资产和负债的公允评估价值将进入投资方的合并资产负债表的相应项目，收购过程中发生的商誉会进入合并资产中的商誉项目。按照一般会计惯例，收购方要在会计期末对所有资产进行减值测试，出现的新增减值将进入合并利润表的信用减值损失和资产减值损失。

> 请思考：被收购企业净资产的公允评估价值和交易对价对其自身的经营活动有影响吗？被收购企业在继续进行其经营活动的过程中，用于核算的净资产是账面净资产、净资产的评估价值还是交易对价呢？
>
> 强调一下：交易对价是企业原控制性股东和新控制性股东（收购方）的交易确定的价格，与企业日常经营毫无关系。企业是不能按照公允评估价值去调整账面价值的，因而在企业日常会计核算中，只能继续依靠原账面的净资产去核算。

下面举一个例子来说明。

假设甲企业的资产总额是 100 万元，负债总额是 30 万元。每年的营业收入是 200 万元，营业利润是 50 万元。

乙企业在上市后募集了不少资金，是一个不缺钱但缺营业收入和营业利润的企业。希望收购甲企业 100% 的股份，将其作为自己的全资子公司。

经评估和谈判，最终甲企业资产总额的公允评估价值为 200 万元；负债总额评估价值没有变化，还是 30 万元；净资产的公允评估价值为

170万元；交易对价是500万元，且全部是现金。

此次交易在买方形成的商誉是330万元，进入买方合并资产的价值是公允评估价值200万元，其中的100万元为甲企业的资产评估价值。

甲企业的价值情况见表18-1。

表18-1 甲企业的几个价值

账面价值	公允价值	交易对价
总资产为100万元，负债为30万元，净资产为70万元	总资产为200万元，负债为30万元，净资产为170万元	交易对价购买的是甲企业100%的净资产（股东权益），作价500万元

在这个例子中，无论收购方与被收购方的股东如何交易，都不会改变被收购企业的账面资产总额、账面负债总额以及账面净资产的规模，被收购企业真正发挥作用的仍然是其账面资产。

买方之所以肯出价500万元，实际上是把被收购企业能够发挥作用的资产总额认定成了530万元（即500万元净资产的市场价值加上30万元的负债，得到收购方认定的被收购企业可以发挥作用的价值是530万元）。

你会问了：可以发挥作用的资产只有100万元账面价值，怎么在买方那里就成了一朵花，变成了能发挥作用的530万元了呢？

最简单的解释是：买方出这个价买来的利润规模，完全配得上买方的投资回报率。

假设被收购企业年初资产总额也是100万元，其年内的平均资产总额就是100万元，营业利润与平均资产总额相比得出的资产报酬率就是50%。

收购方支付的对价是500万元，假设收购方在收购后不会对被收购企业投入额外的资金，收购方的投资就一直是500万元。按照这个投资规模和被收购企业获得的营业利润来计算，投资回报率为 10%（50 万元的利润除以收购款 500 万元）。

假设收购方营业利润与平均资产总额相比的资产报酬率是 8%，则此次收购可以提升收购方的资产报酬率：因为购入的企业可以带来更高的投资回报（站在收购方立场看投资回报率是 10%，而收购方已有的投资回报率只有 8%）。

实际上，在本例子中，如果收购方的收购单纯地是为提升自身的财务业绩，则收购方的出价还可以更高——只要投资回报高于自己已有的投资回报率 8%，收购所买来的利润就会提升收购方整体的投资回报。

这就是说：**投资方支付对价的底线是不伤害企业已有的投资回报水平。**

> 当然，如果收购方在收购完成后通过对被收购企业的董事会、管理层与核心业务骨干进行调整，让被收购企业在新的管理和治理环境下对收购方做出更大贡献，则收购就是更有价值的。

下面我们看一个没有业务企业的收购情况。

紫金矿业集团股份有限公司（简称紫金矿业）在其 2022 年年度报告中披露了若干不构成业务的子公司信息，其中的一个被收购企业是新锂公司。相关信息为：

2021 年 10 月 8 日，本集团与加拿大上市公司新锂公司签署《安排协议》，以每股 6.5 加元的价格，以现金方式收购新锂公司全部已发行且流通的普通股，交易金额合计为 959,964,335 加元，折合人民币 4,804,621,499 元。截至 2022 年 1 月 14 日，有关收购新锂公司股权所需的境内外监管机构审批或备案手续已全部完成，项目开采阶段的环评许可已获得批准。2022 年 1 月 21 日，本集团以现金方式支付全部对价款，2022 年 1 月 25 日完成全部股权交割，至此，本集团持有新锂公司 100% 股权。购买日确定为 2022 年 1 月 25 日。收购完成后，新锂公司正式从加拿大多伦多交易所退市，并于美国 OTCQX 柜台交易市场和德国法兰克福交易所停止报价。新锂公司核心资产为位于阿根廷西北部卡塔马卡省（Catamarca）的 Tres Quebradas Salar（简称 3Q）锂盐湖项目，于收购日 3Q 锂盐湖项目尚未开始建设，不具备加工处理过程和产出能力。由于通过收购所得的新锂公司的净资产不构成业务，本次收购并未按照《企业会计准则第 20 号——企业合并》以非同一控制下的企业合并进行处理。

在购买日新锂公司资产和负债的公允价值和账面价值如表 18-2 所示。

表 18-2　新锂公司相关信息

单位：元

	2022 年 1 月 25 日	
	公允价值	账面价值
货币资金	107,832,471	107,832,471
预付款项	45,338	45,338
其他应收款	569,634	569,634
存货	2,576,770	2,576,770
其他流动资产	19,945,076	19,945,076
固定资产	9,741,759	9,741,759
无形资产	4,855,843,669	588,906,992
长期待摊费用	4,985,789	4,985,789

（续）

	2022 年 1 月 25 日	
	公允价值	账面价值
递延所得税资产	12,479,363	12,479,363
应付账款	31,658,410	31,658,410
应付职工薪酬	979,489	979,489
其他应付款	26,827,800	26,827,800
预计负债	4,325,155	4,325,155
递延所得税负债	145,607,516	145,607,516
净资产	4,804,621,499	537,684,822
交易对价：现金	4,804,621,499	

请注意，这是一个还没有形成任何业务的企业，因公司核心资产"3Q锂盐湖项目尚未开始建设，不具备加工处理过程和产出能力"。

就是这样一个没有历史数据可以考察的企业，净资产的评估价值为48.05亿元，与账面净资产5.38亿元相比，市净率高达8.93倍。

比较一下公允价值与账面价值之间的差额，你会发现除了无形资产外的所有资产负债项目的评估价值都没有发生变化（这是不容易做到的），只有无形资产一个项目出现评估增值。

更需要注意的是：公允评估价值就是交易对价，即使是加元折合成人民币，公允价值也与交易对价完全相同。看来，在这个股权交易中，公允价值直接被确定为交易价值了。这样，商誉就没了，在其他企业曾经出现的与商誉有关的风险似乎直接消失了。

如果仅仅关注财务收益，则此次并购价值远超账面价值的原因是，收购方认为未来这个企业净资产发挥价值的当量远不是净资产账面价值5.38亿元，而是至少大于净资产公允价值48.05亿元。

当然，现实中的收购原因、收购对价的考量因素要复杂得多。**被收购企业在控制权发生重大变化后的经营活动的发展状况将决定收购的成败。**

收购方对子公司的治理和管理，决定了收购后的投资回报率

实际上，收购方愿意支付更高代价来收购一个特定企业，除了企业原有的发展惯性因素外，还应该有收购方在收购后对被收购企业的整体战略安排方面的综合考量。

在前面我也提到，收购方在收购完成后，一般会对被收购企业的董事会、核心管理成员甚至于技术骨干进行调整。调整后的董事会成员、核心管理成员以及技术骨干一定是收购方信得过的人选，新的领导团队和技术骨干将按照收购方的战略意图去开展工作。

但是，收购方接手被收购企业后，可能遇到对企业发展有利的环境因素，如收购方已有的市场网络可能让被收购企业在上下游关系的管理和市场拓展上面临有利局面，这种有利局面将为被收购企业的发展提供良好的环境。

几年前，一个制药企业的董事长兼总裁告诉我：他的企业以上年净利润3,000万元、12倍市盈率的估值卖给了一个上市公司70%的股份，自己仍然持有公司剩余的30%股权，并继续担任总裁，董事长将由收购方的人担任。当时这个制药企业净资产的账面价值为1.2亿元，公允评估价值为1.6亿元。在被收购后的当年（5月股权交易完成），企业在没有任何经营资产变化的情况下实现了净利润4,500万元。收购方和他本人对这样的财务业绩都非常满意。

我问："产生这样的业绩，是因为你只担任总裁，把更多精力用在

经营和市场开拓上了吗？"

总裁说："不是。我现在比以前更轻松了。"

我问："为什么呢？"

总裁："因为现在买方的市场渠道我们已经对接上了，这些渠道大大拓展了我们的市场。"

请注意，这个原董事长、现总裁在收购后财务绩效的提升，更多是借助于收购方的业务渠道。这就是说，在收购后，收购方通过自己已有的资源引导、帮助被收购企业提升了其财务业绩，并最终提升了收购方整体合并报表的财务业绩。

回到收购交易完成时的财务数据与商誉问题。

整体估值 3.6 亿元的企业出售 70% 的股份，在不考虑其他因素的条件下交易对价为 2.52 亿元。

这样，收购方在此次交易中形成的商誉为：

$$商誉 = 2.52 - 1.6 \times 0.7 = 2.52 - 1.12 = 1.4（亿元）$$

从当时的整体估值来看，一个历史净利润为 3,000 万元的企业，被估值为 3.6 亿元，站在收购方的立场，其计算的投资回报率为（投资额完成，一般不会变化，因此平均投资额就是初始投资额）：

$$投资回报率 = 3,000 \div 36,000 = 8.33\%$$

这就意味着，单纯从财务数据角度看，收购方整体的股东权益报酬率应该低于 8.33%。这样，在收购方完成对被收购企业的收购后，只要被收购企业未来的年度净利润超过 3,000 万元，收购方就会因此次收购而提升净利润和投资回报率。

结果，被收购企业在财务业绩上表现非常出色，第一年就实现了

4,500万元的净利润。这样，按照收购方确定的估值3.6亿元的规模，被收购企业的投资回报率为：

$$投资回报率 = 4,500 \div 36,000 = 12.5\%$$

这将会进一步提升收购方整体的股东权益报酬率。

但是，并不是所有的收购都这么幸运。

前面我已经讲过，被收购企业被收购方收购后，其自身治理环境将发生很大变化，企业的核心管理团队、业务骨干发生变化后，组织行为极有可能发生重大变化——被收购企业将成为收购方实施战略的重要一环。

不能忽视的问题是：在企业实际控制人变更导致治理发生重大变化后，被收购企业的原有核心管理成员及技术骨干有可能会流失，甚至到被收购企业的竞争对手那里去发展。

自身治理的重大变化可能会直接影响其营商环境（原有的外部环境并没有变化，企业自身变了）：这种变化既可能向好，也可能趋于恶化。

> 从向好的方面来说，在新的控股股东引领下，企业的经营环境以及融资环境等出现有利的变化，从而使得被收购企业在各方面出现有利的变化。

从恶化的方面来说，被收购企业的上下游关系可能由于治理变化而出现微妙变化：虽然公司的"壳"没有变化，但公司在核心管理团队到组织行为方面对上下游相关方来说很可能变成了一个生面孔：它已经不是原来的企业了。这样，企业上下游关系可能要重新建立，原来可以赊购的环境可能不复存在，企业赊销形成的债权可能不那么容易回收。企业极有可能因为营商环境的变化而出现财务困境。

另外，企业的融资环境尤其是债务融资环境也可能会发生不利的变化：正是由于新的控制性股东主导了被收购企业的治理及行为，原有的金融机构可能倾向于收紧对被收购企业的信贷支持——要么减少贷款支持，要么提高债务融资成本。

实际上，在控制权收购交易过程中，绝大多数股权交易双方都希望被收购企业在控制权变更后能够在新控股股东的治理下得到更好的发展。但中国资本市场上出现的大量商誉爆雷恰恰说明了收购方在收购时的收购代价过高，这意味着在大量收购过程中被收购企业未来可能释放的价值被不恰当地高估了。

本章讨论的内容不是试图说明怎样的收购对价是不可逾越的"红线"，而是提供一个看问题的视角：很多收购案例都按照超强的甚至于奇迹般的业绩表现能力来预计被收购企业的未来，但被收购企业的未来表现往往就是普通企业的表现，甚至于连普通企业都不如。

> 实际上，对很多高预期的企业所期望的高增长是违反常识的。奇迹之所以被称为奇迹，就是因为它在一般情况下不可能发生。因此，当你不断看到奇迹般的企业发展"事迹"的时候，一定要考虑一下：这是真的吗？对于上市公司的收购，尤其是高代价（主要表现为高商誉或高无形资产评估增值）收购的前景，要保持高度警惕。

■■■

本章讨论了在收购过程中，收购方可以支付对价的底线问题：对价超过多少，可能就面临风险了？

实际上，任何收购都会面临风险。单纯从财务角度来看，收购方支付对价的底线既与收购方自身的基本投资回报要求有关，也与收购方在收购后通过对被收购企业治理和管理的调整所能达到的业绩有关。

但现实是，很多企业的收购并不仅仅着眼于财务目标。在多目标促成特定收购的情况下，收购方就有可能以不可思议的高代价完成收购。

相信通过本章的学习，你对企业并购估值底线的问题有了新的认识。

留一个作业：追踪一下海尔智家在 2023 年对欧洲公司收购的未来发展，关注一下海尔智家与收购欧洲公司有关的商誉是否出现减值，如出现减值，在何时出现减值。体会一下欧洲公司对海尔智家的价值。

第 4 篇

企业风险识别与前景展望

企业所面临的风险，既有财务方面的，也有非财务方面的。在非财务风险方面，企业所面临的国家产业政策、国际关系、政治周期（如业务所在国大选、业务所在地政府换届等）、竞争环境等与未来的发展关联度极高。

而通过财报信息来识别企业所面临的风险，传统上以财务比率分析为主，而且财务比率确实在一定程度上可以反映企业所面临的风险。但实际上，财务比率分析在预测企业面临风险方面的价值是有限的，企业所面临的大量风险是需要系统性分析才能判断的。

我们在前面讨论与并购相关的内容时，已经涉及了与并购有关的大量风险因素。在本书第4篇，我将利用财报信息讨论企业所面临的除并购以外的风险问题。

第 19 章　资产负债率与企业风险

在传统的企业风险分析中，资产负债率往往以度量企业债务风险的形象出现：当企业的资产负债率高到一定程度时，人们往往会认为其债务风险较高。

我们先看看一些上市公司在资产负债率方面的惊人相似之处。

几个上市公司资产负债率的惊人"巧合"

在对上市公司 2023 年年度财务报告的阅读中，我注意到几家上市公司在合并资产负债表上与资产负债率有关项目的"巧合"情况（见表 19-1）。

从表 19-1 可以看出，尽管上述几家上市公司资产规模差异较大，但在一些重要的财务特征上却惊人一致：

表 19-1　华能国际、大唐发电、上海电力合并资产负债表部分数据

单位：万元

	华能国际	大唐发电	上海电力
年末合并资产（1）	54,115,928	30,399,892	16,857,234
年末合并负债（2）	36,979,672	21,553,297	11,801,228
年末合并股东权益中的永续债（3）	7,962,617	4,621,098	969,506
剔除永续债后的年末合并资产（4）=（1）-（3）	46,153,311	25,778,794	15,887,728
年末合并报表资产负债率（5）=（2）÷（1）×100%	68.33%	70.90%	70.01%
剔除永续债后的年末资产负债率（6）=（2）÷（4）×100%	80.12%	83.61%	74.28%

第一，企业资产负债率的数值差不多。上述三家上市公司的资产负债率均围绕 70% 上下波动，且相当接近。第二，支撑企业资产负债率没有"恶化"至远高于 70% 的生力军均为企业持续不断发行、年度间不断走高的永续债（对上述企业年度永续债规模的持续上扬信息感兴趣的读者，请查阅相关企业在 2023 年及以前各个年度的财务报表）。第三，在剔除永续债的规模后，上述企业的资产负债率无一例外均呈现出远高于 70% 的高负债财务形象。

上述资产负债率的"巧合"是偶然的吗？当然不是。

这种现象，至少说明了这样几点：第一，在企业融资实践中，一个非常重要的考量是各种融资工具的使用对企业资产负债率形象的影响；第二，对一些企业而言 70% 的资产负债率是一个企业债务风险较高的警戒线，企业通常不愿意逾越这条"红线"；第三，降低资产负债率的有效手段往往集中在永续债的发行上——因为在会计核算上，永续债不是作为负债处理，而是作为股东权益的组成部分

进行处理，尽管永续债的发行与股东对企业的入资毫无关系；第四，精准按照资产负债率不超过 70% 的水平来控制或调整永续债的发行规模，似乎是降低企业资产负债率乃至降低企业财务风险的"灵丹妙药"。

从对融资工具的利用来看，永续债的发行当然是企业可以选择的融资手段。但是，如果因永续债有会计处理以"永续"为由将企业的债务"隐身"至股东权益去"充实"股东权益，并降低资产负债率、在数字上"美化"财务风险的"神奇"特征，而去选择发行永续债，则企业降低和改善的是数字上的资产负债率，在永续债利息计入利润表利息费用的条件下，企业的盈利能力将可能受到伤害。

看来，资产负债率还可以通过发行永续债来"买"。

你如果多看一些上市公司的财务报告就会发现，这样降低资产负债率的企业还真不少。

出现上述企业融资实践，以及企业财务风险评价高度关注资产负债率数字、不关注数字背后管理逻辑的重要原因，是在传统的财务分析中单纯以会计的资产、负债概念为基础，将资产负债率作为重要的风险度量因素。在这样的"理论"指导下，控制风险意味浓的资产负债率就成了"正确"的实践。

实际上，资产、负债与风险的关系之间还有一些重要的其他因素，远不是"资产负债率高，风险就高；资产负债率低，风险就低"那么简单。

从负债结构看企业竞争力与风险

如果我们以资产负债表中包含的基本会计概念为基础，得出资产负债率的基本比率,并进而将其解读为度量企业风险的关键指标,似乎是必然的"理论正确"。企业的全部资产属于两类人,一类人是债权人,另一类人是所有者(或者股东)。企业的债权人权益越多,企业债务清偿的压力越大,因而企业偿债的风险也就越大。因此,对企业资产负债率的控制就是对企业偿债风险的控制。

但正是这种"理论正确",忽略了对企业风险度量意义更加重大的负债的另类结构——按照企业负债的产生途径而不是会计概念对企业负债进一步解构,将为我们揭示企业发展与债务结构及其风险带来新的认知。

这里"负债的产生途径"不是简单地按照会计的概念来认识负债、流动负债、非流动负债,而是追溯企业负债的主要产生途径来重新认识不同途径对企业发展、竞争力与风险的意义。

1. 企业不同发展阶段的负债特征

(1)负债按照产生途径划分

按照负债的产生途径,可以将其分成**融资性负债**和**经营性负债**。其中,融资性负债是企业通过举借各种债务、发行债券以及利息计提所形成的负债,主要通过负债中的短期借款、交易性金融负债、其他应付款中的应付利息、一年内到期的非流动负债、长期借款、应付债券以及租赁负债等项目来反映;经营性负债则包括由于企业的业务发展而形成的各种负债,主要通过负债中的应付票据、应付账款、合同负债、预收款项、应交税金、其他应付款以及其他流动负债等项目来反映。

说明一下,关于负债按照产生途径进行划分的表述,我在此前的其他文献中有不同表述，如将融资性负债表述为金融性负债或有息负债，将经营性负债表述为业务性负债等。不同文献的表述虽有所差异，但内涵是相同的。

另外，在企业的负债中，还包括一些虽然出现在负债的项目中，但既不直接属于经营活动引起的也不直接属于融资活动引起的负债，如预计负债（既可能是由于经营性原因引起的，也可能是由于融资性原因引起的，还可能是由于治理性原因引起的）和递延所得税负债（因会计核算协调会计准则与税法差异而引起的）等，在我这里的分析与讨论中，涉及预计负债时将按照其具体性质确定属于经营性负债或融资性负债，本书不讨论递延所得税负债。

(2) 融资性负债、经营性负债与企业发展阶段

想想看，企业发展的基本规律是不是这样：在发展的早期阶段，企业往往没有形成较为稳定的产品或者服务市场，或者虽有一定的产品或者服务市场，但由于产品或服务的市场竞争力不强，其日常交易往往会形成经营性流动资产多（如企业往往存在大量的应收票据、应收账款、应收款项融资以及存货等）、经营性负债少（如企业难以产生较高的应付票据和应付账款以及预收款项等）的结构，因而企业的经营性负债与资产总额相比往往规模不大。与此同时，企业固定资产与无形资产等与经营活动有关的生产经营能力建设所需资金在股东入资不足的情况下，往往会选择债务融资的方式来筹集。因此，在这个发展阶段，企业的债务结构经常表现为融资性负债较高、经营性负债较低的情形。

但也有例外，在企业持续、高速进行激进的固定资产、无形资产建设以及长期采用大规模收购来实现经营活动增长的情况下，即使企

业的经营性负债由于其业务的市场竞争力而能够保持一定规模，但也可能由于企业债务融资增长过快而出现经营性负债规模较低、融资性负债规模较高的情形。

在企业产品或者服务市场规模不断扩大、品牌形象逐渐深入人心并在市场上具有显著竞争优势的情况下，企业流动负债中的经营性负债会占主导地位，其现金流量表中的"经营活动产生的现金流量净额"规模往往大于或接近于当期"购建固定资产、无形资产和其他长期资产支付的现金"。这意味着企业经营活动产生的现金流量净额在相当程度上可以解决企业扩大再生产所需资金需求，企业债务需求的规模并不大。在这种情况下，企业的负债中，经营性负债就有可能占主导地位。

表 19-2 列示的是几个在产品市场中居于主导地位的企业的相关信息。

在表 19-2 的计算中，融资性负债取自资产负债表中的短期借款、交易性金融负债、衍生金融负债、应付利息、一年内到期的非流动负债、应付债券、长期借款、租赁负债等项目。为简化起见，经营性负债则是负债总额减去融资性负债后的余额。

表 19-2 中的企业是三家各自领域中的头部企业，均具有业务成长性好、市场地位高、企业持续发展的基本特点。

如果考察这三家公司的资产负债率，就会发现有意思的情况。宁德时代各个年末的资产负债率在 70% 左右波动。比亚迪的资产负债率持续走高，且有两年远超 70% 的所谓"红线"。感觉最安全的是美的集团，各个年末的资产负债率保持在 65% 左右，即使这"比较低"的资产负债率，也快接近 70% 了，按照以资产负债率高低考察企业的思路来看，美的集团的偿债风险也不小。

表 19-2 市场竞争力较强企业相关财务信息

单位：千元

企业名称	报表归属	项目	2023 年	2022 年	2021 年
宁德时代	利润表	营业收入	400,917,045	328,593,988	130,355,796
	现金流量表	经营活动产生的现金流量净额	92,826,124	61,208,843	42,908,009
		购建固定资产、无形资产和其他长期资产支付的现金	33,624,897	48,215,268	43,767,771
	资产负债表	资产总计	717,168,041	600,952,352	307,666,861
		固定资产净额	115,387,960	89,070,835	41,275,333
		负债总计	497,284,891	424,043,190	215,044,686
		资产负债率	69.34%	70.56%	69.90%
		经营性负债	368,184,303	323,545,966	161,003,662
		融资性负债	129,100,588	100,497,224	54,041,024
比亚迪	利润表	营业收入	602,315,354	424,060,635	216,142,395
	现金流量表	经营活动产生的现金流量净额	169,725,025	140,837,657	65,466,682
		购建固定资产、无形资产和其他长期资产支付的现金	122,093,509	97,456,862	37,343,609
	资产负债表	资产总计	679,547,670	493,860,646	295,780,147
		固定资产净额	230,903,820	131,880,369	61,221,365
		负债总计	529,085,557	372,470,809	191,535,938
		资产负债率	77.86%	75.42%	64.76%

(续)

企业名称	报表归属	项目	2023 年	2022 年	2021 年
比亚迪	资产负债表	经营性负债	482,191,812	350,587,408	156,142,915
		融资性负债	46,893,745	21,883,401	35,393,023
	利润表	营业收入	373,709,804	345,708,706	343,360,825
	现金流量表	经营活动产生的现金流量净额	57,902,611	34,657,828	35,091,704
		购建固定资产、无形资产和其他长期资产支付的现金	6,314,051	7,352,115	6,825,357
美的集团	资产负债表	资产总计	486,038,184	422,555,267	387,946,104
		固定资产净额	30,937,963	26,082,992	22,852,848
		负债总计	311,738,535	270,631,465	253,121,028
		资产负债率	**64.14%**	**64.05%**	**65.25%**
		经营性负债	235,710,951	201,048,938	197,366,691
		融资性负债	76,027,584	69,582,527	55,754,337

注：表中利润表、现金流量表项目数据为年度区间数据，资产负债表数据为年末时点数据。

实际上，如果我们把视野扩展到现金流量表，就会发现，上述三家企业在营业收入整体逐年增长的情况下，企业经营活动产生现金流量净额的能力也在不断提升：企业经营活动产生的现金流量净额整体保持较快增长，而且在整体上各个年度经营活动产生的现金流量净额大于当年的购建固定资产、无形资产和其他长期资产支付的现金的规模（宁德时代 2021 年经营活动产生的现金流量净额小于当年的购建固定资产、无形资产和其他长期资产支付的现金的规模，但缺口不大）。

这种结构说明，在整体上，上述三家企业可以在不进行债务融资的情况下实现固定资产、无形资产等生产经营能力的扩大。当然，我们现在看到的是年度整体财务数据，并没有各个年度内具体的经营活动产生的现金流入量的时间分布以及企业购建固定资产、无形资产和其他长期资产支付的现金的时间分布之间的匹配关系信息。即便如此，企业在年度内所需的债务融资也只是临时性的，并不需要长期债务融资来支撑企业的固定资产、无形资产和其他长期资产建设。

这就是说，从逻辑关系上来看，上述三家企业经营活动产生的现金流量净额可以在很大程度上支持企业购建固定资产、无形资产和其他长期资产，最大限度降低企业的债务融资规模。而具有这种财务对应关系，是产品或业务在市场上具有较高地位和显著竞争优势的正常表现。

这就出现了一个问题：用资产负债率来衡量上述三家企业，可以说是"人人自危"；如果综合考察企业的业务成长、现金流量等信息，上述三家企业各有各的竞争优势。无论是资本市场还是企业自身，都不会把资产负债率的高低作为评价上述三家企业风险的主要依据。

下面我们再看看另外的企业。

在企业产品或者服务市场规模不断萎缩、业务在市场上的竞争地位不断下滑、竞争优势逐渐丧失的情况下，企业流动负债中的经营性负债规模会逐渐下降，其现金流量表中的"经营活动产生的现金流量净额"规模往往不大甚至是负数。企业经营活动的现金流转往往需要借助于债务融资。同时，由于企业业务能力不断下降，其偿债能力也会下降，债务违约也会经常发生。在这种情况下，企业的负债中，融资性负债就有可能占主导地位。与企业融资性负债逐渐占负债主导地位相对应的则是企业利润表中的利息费用项目的逐渐增大。

表19-3列示的是两个业务不断下滑的企业的相关信息。

请注意，在上表的计算中，融资性负债取自资产负债表中的短期借款、交易性金融负债、衍生金融负债、应付利息、一年内到期的非流动负债、应付债券、长期借款、租赁负债以及其他应付款中具有融资性质的项目。其中，由于辅仁药业的预计负债主要是融资性原因所引起的，因而将其归入融资性负债。经营性负债则是负债总额减去融资性负债后的余额。

如果考察表19-3中两个企业在2020年至2022年的资产负债率，我们会发现两个企业在2020年的时候，各自的资产负债率似乎还算"说得过去"，都没有超过65%，似乎债务风险不大。但是，随着企业营业收入的不断下滑，两家企业的资产负债率一路飙升，在不长的时间内迅速超过了100%，沦为资不抵债的企业。

我们把视野扩展到表19-3中两个企业的现金流量表和利润表。数据结果出来了：上述两家企业在营业收入整体逐年下降的情况下，企业经营活动产生现金流量净额的能力也在不断下滑：辅仁药业虽然在三年内经营活动产生的现金流量净额保持正数且不断增加，但与各个年度利润表的"利息费用"的规模相比，企业经营活动产生的现金流量净额的规模还不够支付利息，更不用说去支持各个年度购建固定资

表 19-3 市场竞争力较弱企业相关财务信息

单位：元

企业名称	报表归属	项目	2022 年	2021 年	2020 年
辅仁药业	利润表	营业收入	1,468,671,641	1,512,499,260	2,890,517,585
		利息费用	692,496,903	729,775,018	635,758,366
	现金流量表	经营活动产生的现金流量净额	208,263,712	78,648,091	45,059,360
		购建固定资产、无形资产和其他长期资产支付的现金	23,421,983	13,333,289	44,919,976
	资产负债表	资产总计	6,255,731,598	8,345,108,660	10,917,421,093
		固定资产净额	3,410,629,518	3,765,406,007	3,914,291,489
		负债总计	8,337,091,912	7,580,322,028	6,903,090,166
		资产负债率	**133.27%**	**90.84%**	**63.23%**
		经营性负债	1,003,957,575	842,551,488	821,789,817
		融资性负债	7,333,134,337	6,737,770,540	6,081,300,349
榕泰实业	利润表	营业收入	421,073,440	779,979,507	1,065,537,219
		利息费用	154,022,286	82,659,010	82,297,924
	现金流量表	经营活动产生的现金流量净额	168,320,092	-418,189,197	-325,375,693
		购建固定资产、无形资产和其他长期资产支付的现金	25,694,624	8,756,074	82,710,969

（续）

企业名称	报表归属	项目	2022 年	2021 年	2020 年
榕泰实业	资产负债表	资产总计	1,109,663,305	1,856,464,787	3,641,421,245
		固定资产净额	140,084,784	177,280,247	243,526,474
		负债总计	1,779,410,154	1,780,901,318	2,322,557,556
		资产负债率	**160.36%**	**95.93%**	**63.78%**
		经营性负债	223,271,393	339,978,825	947,610,245
		融资性负债	1,556,138,761	1,440,922,493	1,374,947,311

注：表中利润表、现金流量表项目数据为年度区间数据，资产负债表项目数据为年末时点数据。

产、无形资产和其他长期资产了（虽然各个年度的购建固定资产、无形资产和其他长期资产支付的现金规模并不大）。

榕泰实业的情形就更加严峻了。在经营活动产生的现金流量净额方面，榕泰实业虽然在 2022 年有一个看上去还不错的正的经营活动产生的现金流量净额，但从 2020 年至 2022 年连续三年的整体情况来看，企业经营活动产生的现金流量净额是负数。这种状况意味着，企业在这三年中不但在整体上没有支付利息的现金支付能力，在经营活动方面也出现了整体上的现金亏空。弥补企业日常经营活动现金流量的亏空，要么需要消耗已有的现金存量，要么需要进行债务融资或发行股票融资。而在业务能力不断萎缩的情况下，企业很难通过发行股票募集资金来支持其日益下滑的经营活动。因此，在这个时期，企业不断通过债务融资来支持其日常经营活动就可能是无奈的选择。企业各年末融资性负债逐年增加、各年利息费用逐年增加验证了这一点。

顺便提一下，在企业营业收入不断萎缩的情况下，企业各个年度所进行的购建固定资产、无形资产和其他长期资产如果支出规模较大，可能意味着：

第一，企业正在进行产品或者服务活动的重大转型，即企业通过对固定资产、无形资产等方面的大规模建设，拓展新的业务领域。

第二，企业正在对现有产品或者服务活动进行转型升级，即企业通过对固定资产、无形资产等方面的大规模技术改造，赋能原有业务，提升其未来的竞争力。

当然，企业各个年度所进行的购建固定资产、无形资产和其

> 他长期资产如果支出规模较小，则一般意味着企业的业务能力只能按照原有的惯性往前发展。强调一下，这里的"大"和"小"是相对的，应该结合企业现有固定资产、无形资产等的规模和结构以及企业在各个年度的相关现金流出的规模来综合判断。

从辅仁药业和榕泰实业两家公司相关年度购建固定资产、无形资产和其他长期资产的支出规模与各年末各自固定资产净值规模之间的关系来看，这两家公司各个年度在购建固定资产、无形资产和其他长期资产方面的支出不足以对原有固定资产的规模和结构产生重大影响（当然，企业固定资产发挥作用的是原值，不是净额，两家公司各年末固定资产原值应显著大于我们现在看到的固定资产净额，因此，站在固定资产原值的角度来看，两家公司各个年度末的固定资产规模和结构与年初相比不会有重大变化），因而辅仁药业和榕泰实业在2020年至2022年之间业务能力和业务结构的变化应该不大。

反观表19-2里面的三家公司，各个公司在各个年度发生的购建固定资产、无形资产和其他长期资产的支出对企业年末固定资产净额的增加起到了不小的支撑作用：正是上述三家企业各个年度持续不断进行的较高规模的购建固定资产、无形资产和其他长期资产的支出对固定资产净额快速增长的贡献，才使得企业的业务能力、业务规模得到显著提升。

总结一下：用资产负债率来衡量表19-3中的两家企业，企业资产的偿债能力越来越差。如果综合考察企业的业务变化趋势和现金流量等信息，上述两家企业虽有所差异，但其营业收入的市场规模和竞争力的变化方向是一致的：企业的市场能力正在快速削弱，企业的偿债风险在迅速增加。

单纯以资产负债率高低去评价企业偿债风险是相当片面的，有时甚至会得出相反的结论。

2. 不同划分标准，揭示不同风险

下面我们进一步讨论一下：为什么资产负债率相近的企业风险前景却显著不同？在度量企业债务风险的时候，为什么资产负债率不灵了？到底什么样的资产负债率才是应该警惕的风险因素？

（1）会计学对负债期限结构的划分及价值

会计学对企业负债的划分是按照债务偿还的期限进行的：偿还期限在一年之内或者在超过一年的一个营业周期内的负债归于**流动负债**；偿还期限在一年以上或者在超过一年的一个营业周期以上的负债归于**非流动负债**。

这种划分对判断企业债务清偿的时间结构具有重要意义：流动负债是企业应该在短时间内偿还的债务，如果企业的资产在偿还流动负债方面出现困难，企业的现金流转就容易出现问题。

另外，如果从概念出发，我们很容易认为以负债作为分子、以资产作为分母得出的资产负债率在度量资产对负债的整体保证上具有重要意义：资产负债率较高的企业偿债压力较大，当资产负债率高到一定程度的时候，企业的债务清偿风险就会迅速加大。

但是，企业债务清偿除了现金支付以外，还可以有其他的方式。同时，企业可以动用资源的多样性以及负债产生途径所导致的不同债务的实际偿还状况，也使得现实中的企业偿债压力与资产负债率所表现出来的偿债风险之间并不经常一致。

以表 19-2 和表 19-3 所展示的企业财务数据为例，表 19-2 中的三家企业和表 19-3 中的两家企业初始年年末（表 19-2 为 2021 年年末，表 19-3 为 2020 年年末）的资产负债率相差不大，甚至于表 19-3 中的两家企业的初始年年末资产负债率相对更低，但表 19-2 中的企业偿债能力并没有恶化的趋势，而表 19-3 中的两家企业则一步一步地进入了偿债能力越来越差的高风险境地。

值得思考的问题是：是什么原因导致了表 19-2 和表 19-3 中的企业在偿债风险方面的迅速分化？

（2）负债按照产生途径划分与企业偿债风险

进一步考察表 19-2 和表 19-3 中的两组企业，你就会发现，表 19-2 内三家企业的债务结构中，经营性负债占企业全部负债的主体地位。而融资性负债仅占企业负债较小的比例，且在企业经营活动产生现金流量净额能力较为突出的情况下，企业债务融资的需求并不大。换句话说，企业现有的融资性负债极有可能就不是需求性融资。关于这一点，我在这里就不展开讨论了。

在以经营性负债为主的债务结构下，有两点需要注意。

第一，企业的流动负债和负债的偿债压力可能被夸大了。

企业流动负债中的预收款项与合同负债只需要偿付产品或服务中所消耗的成本部分，价格中的毛利部分是不需要立即偿付的。这就是说，企业产品的毛利率越高、预收款项与合同负债越大，真正需要偿付的成本部分就越小。在企业的财务报表中，一些企业把预收款项并入了合同负债项目。因此，预收款项及合同负债中所包含的毛利因素并不构成企业立即偿债的压力。

这就是说，在企业经营性负债中预收款项及合同负债规模较高的情况下，简单按照流动负债和负债总额来考察企业需要偿还的债务很容易夸大企业的偿债压力。

第二，如果企业的经营性负债占负债主体地位而且营业收入能够持续提高，高负债往往意味的不是风险，而是企业的竞争力。

你通过本书前面有关内容的学习已经知道了，企业经营性负债主要包括两部分：与企业存货及相关物资采购有关的应付票据和应付账款，与企业预收款销售有关的预收款项及合同负债。

这两方面的经营性负债，往往与企业的市场竞争力密切相关。

在企业因采购规模和发展前景等原因在与存货及相关物资供应商之间的商业往来中居于主动地位的条件下，企业不仅能够获得具有竞争优势的价格条件，还会在支付期限、支付方式等方面展示出较强的商业能力：在企业的应付票据和应付账款的结构中，应付票据往往占有很大比重。同时，企业极有可能出现应付票据及应付账款之和大于存货规模的情况。这意味着企业正在利用供应商提供的商业信用来支持自身的经营活动，从而极大降低企业的经营活动现金流出量，或推迟经营活动现金流出时间。

显然，这个时候企业流动负债和负债总额的增加，并不是风险的加大，而是竞争地位和竞争优势的表现。

另外，当企业的产品在市场上供不应求，在销售过程中居于主动地位的时候，企业的销售方式就可能由赊销（主要表现在应收票据、应收账款及应收款项融资等项目上）为主、赊销与预收并举，转为预收款销售为主。在这个转变过程中，在企业营业收入不变的情况下，企业的流动负债（预收款项与合同负债）和负债总额会增加。

显然，这种原因导致的企业流动负债和负债总额的增加，也不是风险的加大，而是竞争地位和竞争优势的表现。

当然，并不是任何条件下企业经营性负债的高企都是竞争力强、风险低的表现。

如果企业的营业收入出现下滑，经营性负债居高不下，则需要警惕企业因市场竞争地位下降、偿债能力下滑而导致的偿债风险。

在前面的讨论中，经营性负债在负债中居于主导地位的企业的共同特征是企业营业收入不断增长，企业在持续发展。

如果企业的产品或服务出现了相反的情况，营业收入不但不增加反而还下降，企业的业务规模逐渐萎缩，在这种情况下如果企业的经营性负债逐渐增加，就不是企业商业竞争力高的表现，而可能是企业偿债风险高的表现。

表 19-3 中的辅仁药业，在营业收入下降的同时，经营性负债还在增加，这种增加，就可能是企业经营活动资金周转困难、推迟偿付经营性负债的结果了。

那么，在资产负债表上，有没有比资产负债率更能反映企业偿债能力的财务比率呢？

答案是：有！

（3）资产经营负债率与资产有息负债率

前面说了，资产负债率高并不一定意味着企业的偿债风险大。相反，资产负债率高还可能是企业具有显著竞争优势和业务高成长性的表现——以资产负债率来度量企业的偿债风险过于简单化了。

实际上，根据我们前面对企业负债按照产生方式进行分类所形成的经营性负债和融资性负债与资产的对应关系，就可以形成两个新的资产负债率——特定日期的**资产经营负债率**与**资产有息负债率**。

其中：

资产经营负债率＝经营性负债÷资产总计×100%

资产有息负债率＝融资性负债÷资产总计×100%

关于资产经营负债率，从我前面的分析里你可以体会到，在企业业务不断发展、市场竞争地位较为明显的阶段，企业的经营性流动负债将对企业资产形成强有力的支撑。从这个意义上来讲，资产经营负债率高且营业收入持续提高的企业，往往具有较高的市场地位和市场竞争力。对于那些资产经营负债率长期低迷的企业，较低的资产经营负债率意味着相对于资产的规模，企业因经营活动所产生的负债对资产总额的贡献不大，资产整体推动业务发展的能力不足。

在资产有息负债率方面，比较高的资产有息负债率一般意味着企业因经营活动产生的现金流量净额较低或小于零，不能维持企业日常经营周转，或不能满足扩大经营活动对现金的需求，而进行了较大规模的债务融资（这种融资的目的就是通常所说的补充流动资金）；或者是企业日常经营活动产生的现金流量净额虽然充分，但不能为企业较大规模的非流动经营资产（如固定资产、在建工程、无形资产等）购建或对外投资提供资金支持，需要进行债务融资支持企业的固定资产、在建工程和无形资产等的建设或对外投资。

一般来说，对于为补充流动资金而进行的债务融资，企业在经历一段时期的经营活动发展后会由于获取经营活动产生的现金流量净额的能力不断增强而具备偿还债务的能力，因而此类债务融资通常不会构成企业债务清偿的重大风险。

而为企业发展（购建固定资产、在建工程、无形资产和对外投资等）的目的进行的债务融资能否构成企业债务清偿的风险，将取决于企业所建设的固定资产、在建工程、无形资产所推动的未来经营活动是否具有较高的盈利质量和现金流量获取能力，以及对外投资的质量。在企业的固定资产、在建工程、无形资产等建设不能按照预期带来业务的不断发展、产生利润和现金流量的情况下，企业的融资性负债就面临清偿风险；同样，在企业通过债务融资所支持的对外投资出现损失的情况下，企业这部分债务的清偿就会面临风险。

因此，可以这样认为：**资产有息负债率是比资产负债率更有效的度量企业偿债风险的财务比率。**

3. 最终决定企业偿债能力的，是企业的资产质量

实际上，**决定企业偿债能力的并不是企业的资产负债率和资产有息负债率，而是企业资产的质量。**

本书前面讲到，企业通过对外控制性投资而形成的合并资产，可以分为从事经营活动的资产即经营资产，和货币资金以及从事各种投资活动的非经营资产。

在合并资产以经营资产为主的情况下，企业的经营资产如果能够推进企业业务持续不断地发展，并能够产生较为理想的利润和现金流量，则不论企业的资产负债率有多高，企业的偿债风险都不会很大；反之，如果企业的经营资产虽然规模庞大且物理质量较高，但不能按照预期推动企业的业务发展，这样过高储备的资产可能会迅速变成过剩的产能，进而最终沦为质量低劣的不良资产。在这种情况下，即使企业短时间内的资产负债率不高，企业未来也可能面临较大的偿债风险。

如果企业合并资产中的非经营资产占主导地位，则一般意味着企业对资产进行战略性应用的意识还不够强。这是因为，企业经营资产的规模和结构通常是企业实施其战略的结果，而非经营资产中的货币资金和各种短期投资并不具有战略属性，部分非流动资产中的长期股

权投资等即使具有战略属性，也很难在短期持有的过程中具有比较强的偿还债务的能力。因此，对于合并资产中非经营资产占主导地位的企业的偿债能力要保持高度警惕。

■■■

本章讨论了资产负债率与企业偿债风险之间的关系问题。

本章讨论得出的结论是：不能简单地将资产负债率的高低与企业面临的偿债风险联系在一起，资产有息负债率是比资产负债率更有效度量企业偿债风险的财务比率，最终决定企业偿债能力的是企业的资产质量。

相信通过本章的学习，你对资产负债率与企业偿债风险之间的关系有了新的认识。

留一个作业：追踪一下百济神州有限公司（简称百济神州）在 2023 年年度报告前若干年及 2023 年年度报告后企业债务规模和结构的变化，并结合企业利润表和现金流量表的表现，体会百济神州资产负债率与偿债风险之间的关系。

第 20 章　账上的钱太多，也有风险

你是不是听说过现金为王？

怎么理解现金为王呢？是钱多点好？还是不管企业有没有利润，账上有钱就行？

本章我就与你讨论一下企业账上的钱与企业所面临的风险之间的关系问题。

企业获取现金的途径

我们在第 1 篇的讨论中已经知道，按照现金流量表的分类，企业获得现金（就是货币资金）的途径主要包括：第一是筹资活动，也就是股东给和向债权人借；第二是投资活动，也就是企业通过把自己持有的投资卖出去变成现金或者收到与投资有关的利息和股利等来获得

现金；第三就是经营活动，通过核心利润获得。

很明显，这里面的获取现金的途径可以进一步简化：一是输血，也就是从股东和债权人那里拿到钱；二是造血，也就是通过经营活动和利润获得现金。

这就是说，企业账上的钱，要么是股东给的，要么是从各类债权人那里借的，要么是企业从事经营活动和投资活动获得的。

无论通过哪条途径获得的现金，如果大规模长期闲置，对企业发展而言都是一种潜在的风险。

现金大规模长期闲置与企业风险

1. "大"和"长期"的含义

我先说明一下大规模长期闲置里面的"大"和"长期"的含义。

这里的"大"是相对于企业资产总额而言的概念，是相对的。应该说，货币资金占资产总额比重多大算大并不是绝对的，更多的是凭常识判断。

一般来说，当一个具体项目的规模占到整体10%以上的时候，这个项目就是比较大的了。因此，当你看到一个企业的货币资金占资产总额达到10%以上的时候，你就应该意识到这个比例有点大了。

当然，企业在某一特定日期保有的货币资金存量可能是为了即将到来的大规模支出所做的准备，也有可能是由于企业处于特殊的融资环境和经营环境中而必须保有较高货币资金的结果，上述这种"大"不属于我们关注的"大"的范畴。简单地说，我这里所说的"大"是指单纯由于没有特定用途而保有的大规模货币资金存量。

你如果觉得10%的比例还不够"大"，还应该再放宽一些，那么20%的比例应该算高了：如果一个企业的货币资金占资产总额的比重达到20%以上的水平，并且多年连续这样，则这种高货币存量可能意味着企业正在面临着某些风险。

这里的"长"指的不是一两年，而是更长时间。更长是多少？我觉得可以考虑三年、六年的周期。

为什么这么说呢？

按照现在的公司治理惯例，一届董事会的任期是三年，三年就要进行董事会的换届。换届意味着什么？换届就意味着企业的治理可能会发生很大变化。治理变了，核心管理层的成员也可能发生变化，企业的战略就可能进行调整。

因此，站在董事会三年一届的角度来看，考察企业战略连续性以及行为惯性的期间因素可以按照三年来进行。

当然，你可能会说，三年太短了。不是有各种"五年规划"吗？能不能按照五年来考察？

我认为如果觉得三年过短，索性把考察时间扩展到六年，相当于两届董事会的任期。

我之所以这样说，是要告诉你，**"大"和"长期"都是相对的。你可以根据自己的经验设定"大"和"长期"的数量标准。**

2. 可能面临的两类风险

下面我以合并资产负债表为基础，从整体上讨论企业货币资金大规模长期闲置与企业风险的问题。

我在前面讲过，合并报表中的货币资金属于非经营资产。

还记得吗，货币资金是没有进行战略应用的资产。

实际上，有的时候企业用大量货币资金悄悄购买了大额存单，一存就是好几年。这种项目既不在货币资金里面，也不在投资项目里面，而是在"其他非流动资产"里面。

下面看一下中芯国际2023年年度报告中其他非流动资产的构成（见表20-1）。

表 20-1　中芯国际其他非流动资产构成

单位：千元

	2023 年 12 月 31 日	2022 年 12 月 31 日
长期定期存款[1]	48,808,533	38,677,525
长期借款质押保证金[2]	1,813,675	
衍生金融工具[3]	85,611	229,540
其他	1,486	368,264
合计	50,709,305	39,275,329

[1] 长期定期存款为该集团持有的期限在一至三年的定期存款。
[2] 长期借款质押保证金为该集团为取得长期质押借款而支付的质押保证金。2023年12月31日，人民币1,813,675千元的定期存款质押于银行作为长期借款的质押物。
[3] 衍生金融工具为该集团签订的交叉货币互换合约及利率互换合约。

看明白了吧：中芯国际的其他非流动资产与企业的经营活动基本上没有关系。在507亿元的其他非流动资产中，长期定期存款就高达488亿元。

这个企业确实有钱。

你可能会说：有钱心里多踏实呀！资金周转起来顺畅，不至于发生资金链断裂问题。

但我要说：企业的风险，有时就是有钱导致的。

那么，现金大规模长期闲置的企业可能面临什么风险呢？

（1）企业可能处于战略迷失或困惑的状态

企业货币资金长期大规模闲置，可能意味着企业处于战略迷失或困惑的状态。

企业不论处于什么行业、经营什么业务，大多数都是以盈利为目的的。

营业利润由"三支柱、两搅局"构成，真正具有竞争力的企业一定是核心利润在其中居于主导地位的企业。

处于发展初始阶段、为生存苦苦挣扎而"什么都做""什么赚钱干什么"的企业，暂时战略不清晰是难以避免的。但发展到一定阶段以后，企业就应该有清晰的业务发展方向和经营方略，这就是战略。

战略清晰、产品具有一定的市场份额和较好的盈利能力，往往是战略成功的表现或标志。具有竞争力的企业，随着产品或者经营活动的不断发展，财务资源会在不融资的情况下不断增加。

当企业既有的产品或业务的发展达到一定规模、难以取得新突破的时候，如果财务资源允许，企业就应该考虑进行战略突破，动用财务资源去进行已有产品的转型升级，或者通过投资设立新的企业乃至收购其他企业而进军新的产品或业务领域。

但是，企业的战略突破不是有财务资源就可以实现的。企业既有战略的成功可能成为制约企业战略突破的障碍，企业的治理特征也可能极大地限制企业的战略突破。

格力电器在空调领域做得非常成功。经过长时间的发展，格力电器积累了较为充分的财务资源——货币资金。与此同时，格力电器的核心产品空调也遇到了在营业收入上增长乏力的问题，主要产品也是家电的竞争对手美的集团在2023年以前几年的业务发展远比格力电器迅猛。

想想看，格力电器想不想在战略上实现新的突破？

我觉得企业肯定想。但想是一回事儿，做就是另外一回事儿了。

你如果看一下格力电器在 2023 年及以前几年的营业收入和业务结构，就会发现在这个期间，企业的营业收入变化不大，业务结构变化也不大，都是空调业务占主导地位。通过设立新企业或者并购进入新的业务领域的努力还没有形成大的格局。

应该没有人阻碍格力电器的战略突破。

那为什么会是这种情况？

我觉得可能正是空调业务的成功制约了企业的战略突破。

我想，可能是下面这样的思维制约了企业的战略突破，即在进入一个新的业务领域的时候，企业可能会关注这样一些问题：第一，这个新的业务领域与格力电器空调业务的关系是怎样的？第二，进入新的领域能否进一步提升空调业务乃至企业整体的营业收入及盈利能力？第三，这个新业务领域的盈利能力，与格力电器现有业务尤其是空调业务的盈利能力特别是毛利率是怎样的对比关系？如果新业务领域在盈利能力上不及格力电器已有业务的盈利能力，格力电器进入这个领域，企业合并报表的盈利能力就会下降。

是不是有一种现有业务越成功，可进入的领域就越少的感觉？

如果从另外一个角度来看，格力电器出现这样的情况，实际上是一种战略困惑的表现——看不好哪个方面的业务符合自己的要求，不知道该往哪个方向走。

当然，上面的内容只是我的推断，很有可能不符合企业的实际情况。到底是什么原因导致格力电器在过去几年发展缓慢、财务资源充裕而没有实现战略的重大突破，只有企业自己清楚。

企业的治理特征也会影响战略突破。

十几年前，我曾经在一家以投资为主要活动的上市公司担任独立董事。

这家公司的资产质量很好，货币资金充裕，资产负债率不高，融资能力较强。

如果有可以投资的项目，企业可以动用账上的货币资金去投资，也可以通过融资来支持投资。

由于实际控制人忙不过来，他委托了其他管理人员担任该上市公司的董事长。

实际控制人交代：你们在投资方面暂时不要有行动，等我想好了再行动。

在实际控制人"想"的过程中，企业的管理团队不甘寂寞，不断寻找投资项目。但每一次找到的项目，都被实际控制人否决。

而实际控制人的"想"持续了若干年。

管理团队的人是希望做事的。他们在屡次尝试进行投资失败后，纷纷离开了企业。

我在这家公司的经历，让我看明白一件事：这家公司资产质量高，货币资金多年内居高不下而没有进行战略性应用的根本原因，不是管理团队不作为，也不是实际控制人不想做，只是实际控制人没想好。没想好不就是困惑吗？

这就是治理原因（董事长或实际控制人说了算）导致的企业货币资金规模长期居高不下。

当然，在几年后，实际控制人想好了，公司的战略也落地了。但这是我离开该公司独立董事岗位以后的事了。

（2）钱可能被用于非战略方面投资或者被相关方占用

企业有钱，也不愿意长期停留在大量货币资金闲置的状态，一般会想着能获得更多的收益。

所以你就看到，很多上市公司在流动资产里面有规模不低的交易性金融资产，以及在其他流动资产中包括规模不低的结构性存款和短期理财；你也能看到，在利润表里面，有的企业有规模不低的公允价值变动收益（有正的也有负的，负的就是亏了，浮亏）。

最近，短期理财不香了，企业财报中的理财项目基本上没有了。

而交易性金融资产在一些企业仍然活跃。

下面我们看一下上市公司云南白药集团股份有限公司（简称云南白药）2020 年至 2023 年的合并利润表部分内容（见表 20-2）。

表 20-2　云南白药相关年度合并利润表部分信息

单位：万元

报表类型	2023 年 合并报表	2022 年 合并报表	2021 年 合并报表	2020 年 合并报表
营业收入	3,911,129	3,648,837	3,637,392	3,274,277
营业成本	2,874,452	2,688,349	2,649,844	2,365,588
税金及附加	21,080	21,049	19,263	16,463
销售费用	499,216	416,556	389,622	379,503
管理费用	105,850	83,378	107,946	86,045
研发费用	33,601	33,672	33,136	18,108
财务费用	−25,924	−34,288	−25,828	−23,195
其中：利息费用	4,960	6,785	5,166	16,915
利息收入	31,576	37,431	33,938	41,911
加：其他收益	8,332	10,473	14,927	17,856

（续）

报表类型	2023年 合并报表	2022年 合并报表	2021年 合并报表	2020年 合并报表
投资净收益	77,901	86,820	104,440	39,217
公允价值变动净收益	12,357	-61,990	-192,922	224,037
资产减值损失	-5,813	-66,434	-14,322	-12,548
信用减值损失	-13,646	-72,455	-27,461	-20,546
资产处置收益	1,065	594	445	1,420
营业利润	483,051	337,128	348,517	681,200

请注意"公允价值变动净收益"项目的数据对各个年度营业利润的影响。

在2021年和2022年间，公允价值变动净收益项目的规模对营业利润产生了非常大的影响。在2021年，如果没有公允价值变动净收益项目将近20亿元的负面冲击，其营业利润与上年相比不至于跌落那么多。

即使在2022年，公允价值变动净收益项目也对营业利润形成较大规模的负面冲击。

这说明，在这几年中，企业长期用闲置不用的货币资金在资本市场进行投资，试图增加企业的营业利润规模。但2021年和2022年的结果并不如管理层以及股东的预期。

这表明，投资于资本市场、期望获得较高收益的做法充满了风险。

在2023年，公允价值变动净收益项目的规模小多了，对营业利润的影响也没那么大了。

这应该不是企业在这方面不努力了，而是企业希望把相关资产进行战略性应用。

云南白药在2024年1月17日发布的《投资者调研会议记录》中有这样的内容：

截至2023年9月末，公司交易性金融资产余额2.87亿元，较年初下降88.13%。主要原因是三季度处置了公司持有的全部小米集团股票（股票代码：HK.01810）及部分基金投资。

在进一步聚焦主业、谨慎投资的原则下，公司已于2023年三季度退出全部二级市场证券投资，并计划于2024年不再开展二级市场证券投资业务。

这份记录至少说明，云南白药将不再开展资本市场上的短线投资，而在认真思考对这部分此前闲置的资产进行战略应用的问题。

因为，在资本市场上的短期投资风险太大了。

在被有关各方占用方面，你账上钱多了，难免被他人惦记，尤其是此前与你有过关系的单位和个人（不一定是关联方），人家恰恰临时性缺钱，要找你这个公司借钱。而你恰恰账上有长期不用的现金。你能不借吗？

如果你借出去，基本上就构成了现在很时髦的"财务资助"了。而借出去的钱是否还能够收回来，就是另一回事了。

下面看看北京首都开发股份有限公司（简称首开股份）的情况。

2024年9月13日，首开股份发布了《关于提供财务资助的公告》，部分内容为：

在房地产项目开发前期，各方股东向项目公司提供股东借款，及在项目开发后期，为提高资金使用效率，项目公司向各方股东临时调拨盈余资金，为房地产行业经营惯例。公司（含控股子公司）向合联营项目公司提供股东借款时，其他股东均按出资比例提供同等条件的股东借款；控股项目公司向除公司（含控股子公司）以外的其他股东调拨盈余资金时，公司（含控股子公司）也同时收到相应出资比例的盈余资金。不存在项目公司其他股东或合作方侵占公司利益的情况。

近期公司（含控股子公司）向6家合联营项目公司提供股东借款合计58,352.220006万元；2家控股项目公司向除公司（含控股子公司）以外的其他股东调拨盈余资金合计16,110.00万元，两项合计金额为74,462.220006万元，按照《上海证券交易所上市公司自律监管指引第1号——规范运作》规定，上述事项构成公司提供财务资助。

2024年5月16日，公司召开2023年年度股东大会，审议通过了《关于提请股东大会对公司2024年度预计新增财务资助额度进行授权的议案》。本次发生财务资助在股东大会授权额度以内。

看懂了吗？

这个公告告诉你：第一，财务资助是我们这个行业的惯例；第二，财务资助事项依规进行，规模为约7.45亿元；第三，相关财务资助是股东大会批准的。

我想说的是：第一，之所以出现财务资助事项，是因为公司账上有长期不用的闲置资金；第二，借出去的钱是否能收回来存在变数，最终收不回来的就变成了信用减值损失了。

所以说，钱多的企业也会因钱多而产生风险。

∎

本章讨论了钱多与企业风险之间的关系问题。

本章讨论得出的结论是：账上大量现金长期闲置不用，可能意味着企业处于战略困惑或战略迷失的状态；即使短期进行一些投资或对外提供财务资助，也将面临风险。

相信通过本章的学习，你对现金为王的说法有了新的认识。

留一个作业：追踪一下爱美客在 2023 年年度报告前若干年及 2023 年年度报告后企业货币资金规模的变化，并结合企业利润表和现金流量表的表现，体会爱美客货币资金存量与企业风险之间的关系。

第 21 章　产能过剩与企业风险

我们国家在 1978 年开始改革开放。在改革开放初期，老百姓家里比较值钱的是自行车、缝纫机、收音机和照相机等。大多数人的家里根本没有冰箱、电视机、洗衣机和空调。

所以，在改革开放初期，老百姓就把家里拥有冰箱、电视机、洗衣机和空调这四类家电作为家庭实现"四化"的标志。

一时间，生产冰箱、电视机、洗衣机和空调的企业纷纷成立，当然基本上都是中外合资企业。境外投资者也够可以的：一个品牌在中国可能在不同地区有多个合资企业。例如，日本的富士通将军公司在某地的合资品牌叫将军，在另外一个地方的合资品牌叫吉诺尔。

上述四类家电企业成立后没有几年，大量品牌就销声匿迹了。到现在，四大类家电集中在少数几个品牌上了。

我要问的问题是：那些消失了的品牌面临了什么问题？

答案应该是：产品卖不出去了，市场没了。

换句话说：产品卖不出去了，不就是你的产能过剩了吗？

所以说，产能过剩的事，我们以前还真遇到过，以后还会遇到。

实际上，产能过剩的问题，时时在威胁着企业。

本章就讨论一下产能过剩与企业风险问题。

什么是产能过剩

站在企业角度来说，产能过剩一般是指企业所拥有的生产产品或提供服务的能力持续超过市场需求，企业不能通过自己特定领域产品销售或者服务提供获得利润的状态。

具体而言，产能过剩至少可以从两个方面去考察：一是个别企业的产能过剩，即个别企业的生产能力过高，产品或服务持续没有市场，企业持续不能通过产品销售或者服务提供获得核心利润；二是特定行业的产能过剩，即整个行业的生产能力过高，在整体上出现产品持续性市场需求不足、整个行业持续亏损的情形。

形成产能过剩的原因很多。就特定企业治理和决策过程来说，产能增加属于重大投资决策并经常导致筹资决策，一般应由企业的董事会乃至股东大会批准。因而企业内部的所有权性质、股权结构、治理话语权等诸因素均可能对企业形成产能的重大投资决策产生影响。

产能过剩的前提一定是某个企业或某个行业的产品生产能力或服务提供能力较强，也就是产能较高。但产能高并不一定是产能过剩，阶段性的产能大于市场需求也不一定是产能过剩。**只有持续出现产品生产或服务提供的能力大于市场需求的情形，才可能是产能过剩。**

我觉得对于企业分析而言，有意义的是对特定企业是否面临产能过剩进行分析。本章下面的内容是站在企业角度来讨论的。

产能过剩的财务表现

产能过剩不是在某一天突然出现的，而是较长时期产能不断增加、市场不断萎缩的结果。

因此，产能过剩的财务表现也是系统性的、渐进式的。

从企业财务报表主要项目与产能过剩之间的内在联系上考察，以制造业为例，产能过剩的企业有如下财务表现。

1. 固定资产周转速度持续下降

固定资产周转速度，即固定资产周转率，可以用企业的年度营业收入除以年度平均固定资产原值求得。

很多人不清楚在计算固定资产周转速度时该用固定资产净额还是原值，计算时用的是固定资产净额（就是资产负债表中固定资产项目中的数字）。我曾经在不同场合与高校教师、学生甚至是企业界的财会机构领导讨论过固定资产周转速度的计算，发现很多人在计算固定资产周转率时之所以出现用净额的情况，主要有三个原因，一是固定资产净额数据可以直接从财务报表中抓取，而固定资产原值还要到财务报表附注中去查阅；二是一般教材上都是这么写的，所以就传承下来了；三是很多使用者对固定资产周转率意味着什么根本不清楚，或者从来没有思考过，计算比率只是为了比较。

对固定资产周转速度的一种解读是它反映了固定资产利用率。这又是一种误解。假设一个企业的固定资产使用状况不变，但固定资产生产的产品或提供的服务的价格一直在增长，在企业产品或者服务市场销售数量一致的情况下，企业营业收入会由于价格上涨而不断增长，固定资产周转速度也会因此而不断增长。这种增长显然与固定资产的利用状况无关。

实际上，把固定资产周转率理解为固定资产利用率是与另外一个概念即**稼动率**混淆了。

在制造业，稼动率是指设备在所能进行生产的时间内为了创造价值而被使用的时间比重。当然，制造业企业全部固定资产既包括机器设备等直接用于生产的固定资产，也包括机器设备外的其他各种固定资产，如厂房、与研发有关的固定资产、与营销有关的固定资产以及与管理有关的固定资产等。即便如此，固定资产周转率也不能简单地理解为固定资产利用率。

想想看，用原值计算的固定资产周转速度是不是具有非常直观、符合管理常识的含义：固定资产（原值）周转率衡量了企业现有固定资产在整体上推动营业收入的能力，反映了企业固定资产在整体上与产品市场之间的关系。

从企业发展的基本逻辑看，在企业发展到一定阶段以后，企业不断增长的固定资产原值，尽管其中还会有与研发有关的固定资产、与营销有关的固定资产和与管理有关的固定资产，但其主体往往是以企业未来的产品市场规模为目标而建设的固定资产。

> 这就是说，当企业持续增长的固定资产原值不能推动未来获得更多营业收入的时候，连续下滑的固定资产（原值）周转率就是产能过剩的信号了。

2. 毛利率持续下滑

你已经知道了：**毛利率**是企业毛利比营业收入形成的比率，代表了企业产品的初始盈利能力。

影响毛利率变化的因素很多：企业产品的市场整体价格水平、企业的营销策略、企业的竞争地位、原材料和燃料及劳动力等要素成本、企业的折旧政策以及企业所处行业的特征等。

> 在产能过剩的条件下，企业产品的市场价格会持续下降，此时即使其他条件不变，企业的毛利率也会下降。与此同时，企业过剩固定资产的折旧还会增加产品生产成本中的固定部分，这部分折旧费用会由于企业的生产数量下降而引起单位产品固定资产折旧费用的增加，这会进一步加剧企业产品毛利率的持续下滑。

3. 存货周转速度持续下滑

存货周转速度通常是用年度营业成本与年度平均存货相比所得出的财务比率。

提醒一下：在计算存货周转速度的时候，存货应该用原值而不是减除存货减值损失后的净值。道理很简单：参与周转的不是净值而是原值。当然了，如果企业存货质量较高、周转速度较快，用存货原值减去存货减值准备后的账面净值来计算存货周转速度并不会产生误导性结果。

> 传统观点认为，当企业产能过剩的时候，企业生产出来的存货由于没有市场而卖不出去，过高的存货与较低的营业成本相比，

> 自然就表现出存货周转速度下降的态势。如果这种情况持续出现，就可能是企业产能过剩的信号了。

别忘了，现在是智能化时代，是数字经济时代。在这个时代，企业产能过剩、毛利率下降未必一定与存货周转速度下降并存。在企业建立了有效的大数据分析系统，能够有效预测产品的市场容量和本企业产品未来市场规模的情况下，企业就可以最大限度地控制存货的采购、生产和存储数量，最大限度地以销定产、降低存货规模。在这种情况下，产能过剩未必导致存货周转速度下降。

如果企业的管理较为粗糙，在生产经营过程中存在盲目采购、盲目生产的情况，就会出现企业原材料和燃料储备增加、产成品积压严重的情况。在产成品市场流转不畅的条件下，存货周转速度下降就是必然的了。

4. 存货出现减值

按照企业会计准则的要求，当企业存货不能按照预期实现价值、出现价值减损的时候，企业在会计期末就要对存货进行减值处理。

前面谈到过，在企业建立了良好的大数据分析系统的条件下，企业的存货周转速度未必下降。在企业存货规模较低、存货规模与企业市场规模基本相符的条件下，存货质量将保持在较高水平，此时企业不太可能出现存货减值损失的计提问题。

但是，如果企业对市场下滑的速度估计不足，或者市场变化太快导致企业的存货出现积压、贬值的情况，此时企业的存货质量出现了实质性下降，在会计上就需要对存货进行减值处理了。

> 请注意，在企业计提巨额存货减值的年度，其资产负债表上的存货净值与存货原值将存在较大差异。此时用存货净值计算出的存货周转速度将会与实际的存货周转速度有较大的偏差。

5. 固定资产出现减值

在企业过剩的产能持续不能产生预期营业收入，未来也不可能在市场中通过自身的研发努力、营销努力等手段创造出新的产品需求或拓展出新市场的情形下，企业的相关固定资产就变成了有效应用持续不足的固定资产。与产品有关的固定资产又往往具有专用性，具有专用性的固定资产一旦失去专用价值，往往很难成为通用固定资产。这样，企业的固定资产减值就会出现。

对于那些已经提足折旧，仍可以在生产经营中使用但市场前景不好的过剩产能，企业就可以考虑进行固定资产清理了。此时要考量的，不是这些过剩产能能否对企业的营业收入做出贡献，而是保有和处置这些固定资产所产生的不同的综合财务业绩和企业的产品战略。因为，继续保有那些已经提足折旧且没有市场前景的过剩产能，企业虽不再发生折旧费用，但仍然会发生与相关固定资产日常维护有关的费用，以及由于该等固定资产占用企业的空间而导致的机会成本，从而使企业的财务业绩恶化。处置掉过剩产能，除了成本（包括机会成本）因素外，还有可能为企业进行产品结构优化和调整腾出空间。

6. 企业与产能相关的整体资产盈利能力下降

企业与产能相关的整体资产，既包括固定资产、无形资产、开发支出、使用权资产和在建工程等非流动资产，也包括商业债权（应收票据、应收账款、应收款项融资与预付款项等）和存货等。

> 请注意，产能过剩的财务影响并不仅仅是产能本身，其影响对企业整体资产的质量尤其是经营资产整体质量产生的负面影响是深刻的。

从资产要素的关系上讲，产能过剩本身就是一种经营资产结构失衡。这种经营资产结构失衡对企业资产质量的负面冲击是多方面的。

首先，从逻辑上来看，企业不可能在进行产能建设的时候就知道自己在进行过剩产能建设。以此为基础，企业就会按照计划配置后来被证实过剩了的土地资源、人力资源、相关配套设施（如电力系统、物流系统）等。因此，特定企业的产能过剩不仅是与市场直接衔接产能的过剩，而且是更大范围内的产能过剩。

其次，企业为了能让过剩的产能"吃饱"，极有可能围绕过剩产能的市场方向组织研发活动——建立研发设施、招募研发人员、购置研发物资等，而所有这些极可能被未来证明是过度储备的。

再次，在市场因产能过剩而出现困难的初始阶段，企业往往表现出较强的自信，自信通过自己的努力可以在市场上占有更好的地位，往往通过打价格战、强化营销、大量赊销来拓展市场，这种努力是否能够让企业扭转产能过剩的财务后果是不确定的，但确定的是企业的营销费用和经营活动产生的现金流量净额将可能因此而吃紧。

最后，企业的经营资产会因出现持续的结构失衡而导致整体上的周转越来越慢、质量越来越差，并最终导致盈利能力下降——除了前面谈到的企业的存货和固定资产出现减值外，其他资产因质量下降也可能出现减值，如商业债权、在建工程（在建工程如果与过剩产能有关，则可能进行减值处理）、无形资产等。即使企业的核心利润能够保持正数，也会由于平均经营资产整体过大而出现经营资产报酬率持续下滑的情况。

7. 资产质量下降导致偿债能力下降

产能过剩将对企业资产产生整体性不良影响，导致企业经营资产出现持续性的不良化。在资产质量逐渐不良化的过程中，企业的偿债能力也在不断下降。

你可能会说：我也没什么财会方面的基础，怎么知道企业的偿债能力恶化了？

> 告诉你一个简单的方法：如果企业固定资产原值周转速度不断下降，毛利率越来越低，核心利润率很低甚至于是负数，企业基本上就产能过剩了，其偿债能力就可能恶化。

我在本书前面曾经提到过中芯国际的合并财报数据。我把几个方面的数据结合起来，你体会一下这个企业是不是已经出现了相关迹象。

在 2022 年及以前的几年中，中芯国际营业收入是不断增长的，每年营业收入增长的规模在 100 亿元左右，有的年度不到 100 亿元，有的年度多于 100 亿元，但基本上就是 100 亿元左右。

与此同时，中芯国际各个年度"购建固定资产、无形资产和其他长期资产支付的现金"的规模高达数百亿元，其规模远超营业收入的增长规模。这些支出主要形成了中芯国际的固定资产和在建工程。截至 2023 年 12 月 31 日，固定资产原值已经达到了 2,163 亿元（年初为

1,896亿元），而企业2023年的营业收入则出现了下降，仅为453亿元（2022年营业收入为495亿元）。

固定资产原值平均余额达到2,000亿元的企业，营业收入连续多年没有达到500亿元，是不是固定资产（原值）周转速度有点低？在固定资产（原值）周转速度比较低的情况下，如果还想获得核心利润，是不是需要靠极高的毛利率和较低的费用率（销售费用率、管理费用率、研发费用率和利息费用率）？

很遗憾，根据我的计算，中芯国际2023年的毛利率比2022年大幅度下降，核心利润已经是负数了。

另外，中芯国际2023年资产减值损失为13亿元（上年为4亿元），全部为存货减值损失。资产中的存货年底大幅度增加，已经使得企业的存货周转速度下降了。

固定资产周转速度很低、存货增加、存货周转速度下降、毛利率下降、存货减值损失增加，这些因素叠加在一起，似乎具有产能过剩的一些特征了。

在2024年上半年，这种状况还在深化：中芯国际2024年上半年营业收入比上年同期增加的规模小于营业成本增加的规模，毛利额同比下降——营业收入增加，毛利额在下降，毛利率继续下降，核心利润继续为负数，营业利润比上年同期大幅度下降。

限于篇幅，我没有收录相关财报数据。感兴趣的读者可以参阅中芯国际发布的相关公告。

当然，现在说中芯国际已经产能过剩了还为时尚早，它长期进行如此高的固定资产、无形资产建设，必然着眼于企业的长期发展战略，以及中国面临的国际政治经济环境。但是，企业任何建设的投资都需要未来的市场与之相对应：市场高速度的成长将消化吸收大量产能。

但产能投资是先期完成的，能否在未来出现预期的市场还需要时间来验证。

作为中国的芯片龙头企业，我衷心希望这个企业能够快速发展，在为中国的芯片事业做出贡献的同时，实现财务状况的健康持续发展。

> 强调一下，企业的产能过剩是一个过程。在产能逐渐过剩的过程中，企业有可能通过强化研发、调整产品结构、改变营销策略等来开拓新的产品市场，从而走出产能过剩的泥潭。

■■■

本章讨论了产能过剩与企业的风险问题。产能过剩的企业在经营活动出现亏损后，是可以在短时间内靠现金流量来维持生存的。但如果不能迅速扭转产能过剩的态势，企业最终的财务可持续将是困难的。

相信通过本章的学习，你对产能过剩对企业的影响问题有了新的认识。

留一个作业：继续追踪中芯国际在 2024 年后财务状况的发展，体会一下企业是否面临产能过剩的风险。

第22章　资产的结构性盈利能力与企业风险

在本书前面的讨论中，我曾经谈到企业合并资产负债表、合并利润表与合并现金流量表之间的内在联系，其中包括了两条线。

第一条线，合并资产负债表中的平均经营资产产生合并利润表中的营业收入与核心利润（加上其他收益），并带来经营活动产生的现金流量净额。

第二条线，合并资产负债表中的平均非经营资产产生合并利润表的杂项收益（包括利息收入、投资收益和公允价值变动收益）。由于结构的复杂性，杂项收益带来的现金流量很难从现金流量表与利润表的对应中找出来，在一般分析中可以不予关注。实际上，利息收入应该对应现金流入量，公允价值变动收益不对应任何现金流量，只有投资收益的现金流量是复杂的。在一般分析中可以体会投资收益与现金流量表中的"取得投资收益收到的现金"之间的关系。

本章就讨论一下资产的结构性盈利能力背后可能包含的风险因素。

经营资产与非经营资产获利能力低分别反映的风险

如果分别计算**经营资产报酬率**和**非经营资产报酬率**，你一定会得到不同的结果（在实际分析中可能根本不用具体计算，简单比较就可以体会出差异）。

你会认为：报酬率低的那部分资产可能面临的风险更大，而报酬率高的那部分资产如果盈利能力高到一定程度，就可能具备显著的竞争优势。

1. 当经营资产报酬率低时

当企业经营资产报酬率较低的时候，企业在财务数据上的表现要么是平均资产规模比较大，要么就是核心利润的规模比较低，要么两者兼而有之。相关的风险包括：

（1）企业并购代价过大，账面资产过高

关于并购的问题，我在本书前面讲了不少。这里提及一下：当企业并购代价过大导致商誉高企，或者虽然商誉不高，但无形资产评估增值奇高的时候，商誉和无形资产评估增值就会是降低经营资产报酬率的重要因素。

（2）产能过剩，战略决策失当

前面讨论了产能过剩的重要标志是固定资产（也应该包括在建工程）高速增长，营业收入增长不多。如果毛利、核心利润等都不理想，则用核心利润与其他收益之和除以平均经营资产，所得的报酬率不可能高。

而产能过剩肯定不应由管理者和经营者负责，而应由治理层（董事会和股东大会）负责。

（3）存货质量下降

存货质量下降，既包括存货的毛利率下降，也包括周转能力下降等。简单地说，就是存货卖不动了（周转慢就是卖不动的表现）。

也有另外一种情况——通过虚增存货来拉升核心利润及营业利润。

在制造业，当企业存货增加的时候，可能是企业故意调低当期营业成本的结果，从而在什么都不改变的情况下提升企业的毛利额、毛利率与核心利润。

基本关系是这样的：

年初存货（资产）+本年增加存货（外购存货加年度内生产加工存货增加的折旧与工资等）=年末存货（资产）+本年营业成本（营业成本进入利润表，减少毛利与核心利润）

这样，在企业的年初存货与本年增加存货这两个项目之和为一个定数的时候，企业年末存货增加一些，营业成本就会相应减少。

这就是一些从事制造业务的企业可能选择的一种调节利润的方法。

这种调节可以把核心利润调出来，也可能会使得经营资产报酬率因此而提升，但账面上虚增的存货就是未来重要的风险点。

下面看一个典型的财务造假案例，体会一下存货虚增与核心利润之间的关系。

2019年12月12日，中国证监会发布行政处罚决定书〔2019〕147号，对抚顺特殊钢股份有限公司（简称抚顺特钢）及相关人员进行处罚。

有关抚顺特钢财务造假的信息如下：

一、抚顺特钢2010年至2016年年度报告和2017年第三季度报告中披露的期末存货余额存在虚假记载

2010年至2016年度、2017年1月至9月，抚顺特钢通过伪造、变造原始凭证及记账凭证，修改物供系统、成本核算系统、财务系统数据等方式调整存货中"返回钢"数量、金额，虚增涉案期间各定期报告期末存货。2010年至2016年度、2017年1月至9月，抚顺特钢累计虚增存货1,989,340,046.30元，其中2010年虚增存货71,002,264.30元，虚增存货金额占当年报告期末总资产的1.11%；2011年虚增存货487,921,246.00元，虚增存货金额占当年报告期末总资产的6.22%；2012年虚增存货559,851,922.00元，虚增存货金额占当年报告期末总资产的5.56%；2013年虚增存货184,446,258.00元，虚增存货金额占当年报告期末总资产的1.60%；2014年虚增存货185,060,636.00元，虚增存货金额占当年报告期末总资产的1.59%；2015年虚增存货163,090,290.00元，虚增存货金额占当年报告期末总资产的1.26%；2016年虚增存货186,675,886.00元，虚增存货金额占当年报告期末总资产的1.51%；2017年1月至9月虚增存货151,291,544.00元，2017年1月至9月虚增存货占2017年第三季度报告期末总资产的1.20%。

二、抚顺特钢2013年至2014年年度报告中披露的期末在建工程余额存在虚假记载

2013年至2014年，抚顺特钢通过伪造、变造原始凭证及记账凭证等方式虚假领用原材料，将以前年度虚增的存货转入在建工程，虚增2013年至2014年年度报告期末在建工程。2013年至2014年累计虚增在建工程1,138,547,773.99元，其中2013年虚增在建工程742,930,278.00元，2014年虚增在建工程395,617,495.99元。

三、抚顺特钢2013年和2015年年度报告中披露的期末固定资产余额存在虚假记载

2013年和2015年，抚顺特钢通过伪造、变造记账凭证及原始凭证等方式将虚增的在建工程转入固定资产，虚增2013年和2015年年度报告期末固定资产，2013年和2015年累计虚增固定资产841,589,283.99元，其中2013年虚增固定资产490,692,688.00元，2015年虚增固定资产350,896,595.99元。

四、抚顺特钢2014年至2016年年度报告、2017年第三季度报告中披露的固定资产折旧存在虚假记载

2014年至2016年度、2017年1月至9月，抚顺特钢将虚增后的固定资产计提折旧，虚增2014年至2016年年度报告和2017年第三季度报告期末固定资产折旧额，2014年至2017年9月累计虚增固定资产折旧87,394,705.44元，其中，2014年虚增固定资产折旧14,381,330.42元，2015年虚增固定资产折旧18,174,433.94元，2016年虚增固定资产折旧31,336,537.76元，2017年1月至9月虚增固定资产折旧23,502,403.32元。

五、抚顺特钢2010年至2016年年度报告和2017年第三季度报告中披露的主营业务成本存在虚假记载

2010年至2016年度、2017年1月至9月，抚顺特钢通过伪造、变造记账凭证及原始凭证，修改物供系统、成本核算系统、财务系统数据等方式调整存货中"返回钢"数量、金额，将应计入当期成本的原材料计入存货，导致涉案期间少结转主营业务成本1,989,340,046.30元，其中2010年少计71,002,264.30元，2011年少计487,921,246.00元，2012年少计559,851,922.00元，2013年少计184,446,258.00元，2014年少计185,060,636.00元，2015年少计163,090,290.00元，2016年少计186,675,886.00元，2017年1月至9月少计151,291,544.00元。

上面的数据看上去有点眼花缭乱的感觉，但实际上其中的逻辑关系非常清晰：

在各个年度营业收入一定的情况下，为了提高毛利，就要降低营业成本；而为了降低营业成本，年末的存货账面价值就要虚增。

但上一年年末虚增的存货账面价值不能总在那里。怎么办呢？给这些虚增的存货账面价值找一个暂时安全的地方去避避风头，编造在建工程领用存货，让虚增的存货价值虚假转移到在建工程，从而导致了在建工程账面价值的虚增。

但上一年年末虚增的在建工程账面价值不能总停在那里，要随着在建工程的完工转入固定资产。这样，此前虚增的在建工程账面价值就转移到了固定资产，从而导致了固定资产账面价值的虚增。

固定资产要计提折旧。虚增固定资产账面价值就会虚增折旧价值。

虚增的折旧价值再计入存货（如果固定资产属于机器设备、车间厂房之类），然后影响毛利等。

简单地说，虚增存货虽然导致了当期利润的提高，但未来的风险一点都不小。

（4）市场成长乏力，盈利能力下降

如果市场足够大，企业可以通过薄利多销的策略实现较为理想的核心利润规模，从而能够维持一定的经营资产报酬率。但如果由于竞争环境问题、企业产品质量问题、企业品牌形象问题以及营销失当等导致企业营业收入增长乏力甚至于下降，而与此同时企业的各种成本和费用又降不下来，核心利润下降就是必然的了。

2. 当非经营资产报酬率低时

非经营资产包括货币资金与各项投资。

很显然，如果企业的货币资金过高，其报酬率是不可能高的。与企业货币资金过高相关的风险，我在前面已经分析过了。这里就不再讲了。

由于企业的各项投资产生利润表的投资收益和公允价值变动收益，当这部分杂项收益较低的时候，应该意味着企业在资本市场里的投资出现了效益不理想的问题；如果是企业持有的长期投资收益不足，则需要考察核算方法（如成本法或者权益法）的影响。

> 总体来说，企业非经营资产报酬率较低，一方面意味着企业的战略需要调整，另一方面意味着在投资管理上需要加强。

歌华有线的资产结构性盈利能力分析

下面我们看一下上市公司北京歌华有线电视网络股份有限公司（简称歌华有线）2023 年年报中的部分信息（见表 22-1 和表 22-2）。

表 22-1　歌华有线合并资产负债表

单位：元

报表类型	2023-12-31 合并报表	2022-12-31 合并报表
流动资产：		
货币资金	8,034,219,509	7,960,624,591
应收票据及应收账款	506,350,166	478,479,636
应收票据	15,160,000	1,362,380

（续）

报表类型	2023-12-31 合并报表	2022-12-31 合并报表
应收账款	491,190,166	477,117,255
预付款项	68,275,722	43,663,796
其他应收款（合计）	26,148,874	9,494,852
存货	228,399,850	343,184,804
一年内到期的非流动资产	100,936,132	101,476,234
其他流动资产	125,232,601	114,654,122
流动资产合计	9,089,562,852	9,051,578,034
非流动资产：		
其他非流动金融资产	513,539,532	906,743,314
长期应收款	174,834,840	281,953,189
长期股权投资	915,715,423	733,272,702
投资性房地产	27,062,900	20,422,946
固定资产（合计）	4,043,665,552	4,143,242,495
在建工程（合计）	674,392,952	564,066,219
在建工程	424,771,534	280,352,707
工程物资	249,621,418	283,713,511
使用权资产	49,262,408	45,849,151
无形资产	275,769,248	278,483,378
商誉	1,295,475	1,295,475
长期待摊费用	12,376,822	10,768,728
递延所得税资产	20,222,591	13,335,899
其他非流动资产	106,613,737	106,099,378
非流动资产合计	6,814,751,479	7,105,532,874
资产总计	15,904,314,331	16,157,110,908
流动负债：		

（续）

报表类型	2023-12-31 合并报表	2022-12-31 合并报表
应付票据及应付账款	689,742,546	550,552,495
预收款项	67,178,657	64,085,321
合同负债	809,033,616	834,656,596
应付职工薪酬	183,452,380	186,181,432
应交税费	13,422,503	11,158,280
其他应付款（合计）	28,857,557	21,683,969
一年内到期的非流动负债	151,437,950	115,633,966
其他流动负债	6,907,976	10,170,523
流动负债合计	1,950,033,183	1,794,122,581
非流动负债：		
租赁负债	210,556,445	307,747,757
长期应付款（合计）	720,000,000	720,000,000
递延所得税负债	284,956	
递延收益	116,045,113	139,900,574
其他非流动负债	80,218,474	94,646,305
非流动负债合计	1,127,104,989	1,262,294,635
负债合计	3,077,138,172	3,056,417,216
所有者权益（或股东权益）：		
实收资本（或股本）	1,391,777,884	1,391,777,884
资本公积金	6,555,503,743	6,555,503,743
盈余公积	995,832,571	995,832,571
未分配利润	3,884,061,960	4,157,579,493
归属于母公司所有者权益合计	12,827,176,159	13,100,693,692
少数股东权益		
所有者权益合计	12,827,176,159	13,100,693,692
负债和所有者权益总计	15,904,314,331	16,157,110,908

表 22-2　歌华有线合并利润表与合并现金流量表部分信息

单位：元

报表类型	2023 年 合并报表	2022 年 合并报表
部分现金流量表信息：		
营业收入	2,433,880,907	2,441,683,053
营业成本	2,153,398,684	2,222,982,803
税金及附加	19,737,347	16,278,054
销售费用	134,690,188	130,041,263
管理费用	114,422,172	107,276,100
研发费用	67,268,438	65,845,952
财务费用	−114,980,565	−127,982,015
其中：利息费用	20,750,214	19,595,763
利息收入	136,281,071	147,764,300
加：其他收益	26,228,062	28,231,867
投资净收益		
公允价值变动净收益	−188,124,934	286,063,638
资产减值损失	−10,500,229	−69,045,626
信用减值损失	−50,137,821	−34,288,507
资产处置收益	930,518	−8,828,559
营业利润	−120,288,693	340,906,971
加：营业外收入	7,278,953	451,336
减：营业外支出	57,411,606	2,392,455
利润总额	−170,421,345	338,965,853
减：所得税	1,996,691	4,632,610
净利润	−172,418,037	334,333,243
部分现金流量表信息：		
经营活动产生的现金流量净额	747,277,959	554,528,160
购建固定资产、无形资产和其他长期 资产支付的现金	680,518,587	437,199,943

根据歌华有线 2023 年年度报告，企业的营业收入构成如下（见表 22-3）。

表 22-3　歌华有线营业收入构成

单位：元

	2023 年	2022 年
有线电视收看维护收入	815,827,192	870,540,566
信息业务收入	859,762,269	874,055,607
频道收转收入	220,802,673	234,712,013
工程建设收入	237,408,531	260,317,921
商品销售收入	124,093,253	94,181,717
广告业务收入	21,876,456	34,854,483
有线电视入网收入	21,265,516	24,300,506
5G 业务收入	38,879,250	1,046,627
其他业务收入	93,965,767	47,673,612
合计	2,433,880,907	2,441,683,053

对于上述信息，我从几个方面进行分析。

第一，从营业收入和盈利能力来看，企业的营业收入在小幅下降。就具体结构而言，除了商品销售收入、5G 业务收入和其他业务收入增加外，其他主要项目的营业收入都出现了下降的情况。这可能意味着企业面临主要业务全面萎缩的市场环境。在营业收入下降的同时，营业成本下降更多，企业的毛利额和毛利率均有所提升。尽管如此，从具体数字的对应关系来看，企业的核心利润应该是负数。

第二，杂项收益也不给力，出现了整体亏损。尽管企业的利息收入有 1.36 亿元，但公允价值变动收益表现太差，使得杂项收益整体变成了负数。

第三，从合并资产规模来看，企业的资产规模虽有所下降，但下降幅度不大，平均资产总计约为 160 亿元。在这 160 亿元中，大约 95 亿元为非经营资产（其中 80 亿元为货币资金），经营资产约为 65 亿元。

从这样的资产结构来看，企业有一半的资产处于货币资金状态，本来这部分资产的盈利能力可能是最差的，但现在却变成了盈利能力最强的项目——至少收益是一个正数！

在资产的结构性盈利能力方面，企业经营资产和非经营资产带来的利润在 2023 年都是负数，经营资产带来营业收入的能力和盈利能力下降趋势明显，盈利能力面临严重挑战。在非经营资产带来的杂项收益整体亏损方面，从结构来看，对杂项收益造成重创的是公允价值变动净收益，而利息收入则贡献了 2023 年最大的利润。因此，非经营资产出问题的地方是企业的部分投资，并不是非经营资产整体。

有意思的是，企业连续两年经营活动产生的现金流量净额均为正数，且各个年度购建固定资产、无形资产和其他长期资产支付的现金规模总是小于企业相应年度内经营活动产生的现金流量净额——花钱的力度拿捏得恰到好处，既不让你剩下多少当年赚得的现金，也不让你的现金出现亏空。

从上面对企业资产的结构性盈利能力的分析来看，企业面临的主要问题有两个：一是现有营业收入和盈利能力的整体下降；二是大量的货币资金长期闲置，没有进行战略性应用。

关于现有营业收入和盈利能力下降的问题，需要注意的是，企业平均经营资产为 65 亿元左右，仅仅带来了每年不到 25 亿元的营业收入，经营性资产的周转速度有点低。再看看企业的固定资产，平均净值就达到了将近 41 亿元。可以这样说：企业盈利能力较弱与资产重化严重、业务规模较小有直接关系。

在此背景下，企业每年还在不断进行固定资产和无形资产建设，但企业的营业收入却在不断下降。需要问的问题是：企业建设的是什么固定资产和无形资产？这些固定资产和无形资产与企业的业务有关系吗？如果没关系，建设这些资产为的是什么？如果有关系，是支持企业未来业务的转型升级，还是对原有技术、设施的简单替换？

如果购建的固定资产和无形资产与自身的经营活动没有关系，或者不能为企业业务的转型升级提供帮助，企业现有的业务及其盈利能力很难在未来有很好的发展；如果购建的固定资产和无形资产与自身的经营活动的转型升级有关，能够助推企业的业务在未来有新的更大规模的发展，则企业未来的业务及其盈利能力就可能有好的表现了。

关于账上 80 亿元货币资金的战略性应用问题，应该看到的是：企业可以进行战略性应用的资产规模还可以更高，企业资产负债率很低，完全可以通过债务融资或者发行股票来提升战略性应用资金的实力。如果有适宜的投资方向，企业完全可以自行设立子公司或通过并购进入新的业务领域。如果真有这种战略安排，企业的未来就不会按照现在的财务惯性往前发展了。

■■■

本章讨论了资产的结构性盈利能力的差异与企业的风险问题。一般来说，结构性盈利能力较弱的资产风险更大。企业管理要做的，就是尽可能降低盈利能力较低的资产规模，提升企业资产整体的盈利水平。

相信通过本章的学习，你对资产的结构性盈利能力与企业风险之间的关系问题有了新的认识。

留一个作业：追踪中芯国际与歌华有线这两家公司在 2024 年后财务状况的未来发展，体会一下它们的资产的结构性盈利能力与各自所面临的风险。

第 23 章　异常捐赠与企业风险

企业有各种行为，但可能产生财务后果的行为，包括经营行为、投资行为、筹资行为等。

> 一般来说，企业的行为是为企业的战略或者经营服务的。在很多情况下，企业的行为是不是与企业的战略或者经营有关，通过常识是可以判断的。当企业的某些行为与常识相悖的时候，企业就可能存在着某些风险，有的风险可能还很大。

对于上市公司来讲，其行为异常往往伴随着与全体股东利益并不一致，甚至侵害中小股东利益的情形。这种情况的出现，要么是公司治理出现了问题，要么是公司的战略出了问题。

下面我从两个企业的异常捐赠出发讨论一下企业的相关风险。

贵州茅台未实施的捐赠

2019年年底，时任贵州茅台酒股份有限公司（简称贵州茅台）董事长的李保芳带队来对外经济贸易大学，商讨合作事宜。当时商定，在2020年3月，由我带队去贵州茅台，进一步商谈合作的具体事宜。后因新冠疫情，此次行程最终未能成行。

没想到，在2020年10月下旬，贵州茅台的部分股东质疑企业的捐赠属于非法，并引起舆论的广泛关注。

我开始以为是贵州茅台忠实履行社会责任，为新冠疫情慷慨解囊呢。结果，我找到贵州茅台在2020年10月26日发布的《贵州茅台酒股份有限公司第三届董事会2020年度第四次会议决议公告》，发现引起争议的几个捐赠还真与疫情没什么关系。

会议同意，公司控股子公司贵州茅台酒销售有限公司向贵州省见义勇为基金会捐资200万元，公司向仁怀市人民政府捐资1,200万元专项建设酒类火灾处置专业队，公司向仁怀市人民政府捐资2.6亿元专项建设茅台镇骑龙1万吨生活污水处理厂，公司向习水县人民政府捐资不超过5.46亿元专项建设习水县习新大道建设工程。该工程建成后，公司酱香系列酒生产基地可直通高速，大大降低物流运输成本，打破生产物流运输瓶颈，全面提升通行能力和物流运输能力。

我想：相比疫情，这几个捐赠没有一个是急迫的。为什么要急于把公司的钱捐出去呢？而且是这些项目？没听说以前贵州茅台有过这么慷慨的捐赠。

难道董事长换人了？

赶紧看公告。

果然，2020年3月4日，贵州茅台发布公告称，根据贵州省人民政府相关文件，推荐高卫东为贵州茅台董事、董事长人选，建议李保芳不再担任公司董事长、董事职务。公告还提及，2020年3月，高卫东已接任贵州茅台母公司中国贵州茅台酒厂（集团）有限责任公司（简称茅台集团）党委书记、董事长。

半个多月后的2020年3月21日，贵州茅台发布公告称，公司召开第二届董事会2020年度第五次会议，会议选举高卫东为公司第二届董事会董事长、战略委员会主任委员、审计委员会委员。至此，高卫东正式接棒李保芳，同时担任茅台集团和贵州茅台两家公司的董事长职务。

还真是换人了。

那为什么最大的捐赠指向了"建设习水县习新大道建设工程"呢？公司在公告中提到"该工程建成后，公司酱香系列酒生产基地可直通高速，大大降低物流运输成本，打破生产物流运输瓶颈，全面提升通行能力和物流运输能力"。也许这句话是企业"捐赠"的真实目的——提高公司未来的整体效益。

但出乎贵州茅台当时董事会意料的是，公告发出后立即遭到一些公众股东的质疑和反对。他们认为公司的捐赠没有经过股东大会的批准，应属于非法捐赠。

在一片反对声中，贵州茅台在2021年2月10日发布了《贵州茅台酒股份有限公司第三届董事会2021年度第一次会议决议公告》，里面有这样的内容：

会议决定，公司终止以下四个捐赠事项：一是公司控股子公司贵州茅台酒销售有限公司向贵州省见义勇为基金会捐资200万元；二是公司向仁怀市人民政府捐资1,200万元专项建设酒类火灾处置专业队；

三是公司向仁怀市人民政府捐资 2.6 亿元专项建设茅台镇骑龙 1 万吨生活污水处理厂；四是公司向习水县人民政府捐资不超过 5.46 亿元专项建设习水县习新大道建设工程。截至目前，公司未支付上述捐赠款项。

短短几个月之内，企业董事会全票通过的四个捐赠就被终止了。这件事情的发生意味着什么呢？

实际上，上述四个捐赠的金额加在一起，对财大气粗的贵州茅台真的不算什么大数儿。但公司是上市公司，是全体股东的公司，而不仅仅是控股股东的公司，更不是几个董事会成员的公司。

从公司治理的角度来看，董事会决定捐赠、董事会决定终止捐赠不是小事情：能够上董事会的事项相对来说都是大事项，属于决策范畴。

因此，这个时期贵州茅台的公司治理应该面临着一定的风险，而这个风险，就与董事长的更换有关。

你可能会觉得：不就是换个董事长吗？大股东又没有变化。董事长不是上面派来的吗？他是要坚定执行大股东的意志的呀。

我要说的是：不是每个董事长领导下的董事会都这么捐赠。

在企业的治理实践中，即使控制性股东不变，仅仅是更换一个董事长，组织的行为也可能发生很大变化。这个变化揭示了一个现实：在治理过程中居于话语权主导地位的人会在很大程度上影响组织的行为。贵州茅台的上述捐赠，即使不是新任董事长的个人意愿，也与其没有全面慎重考虑做出捐赠决定后可能会遭到部分公众股东强烈反对的后果有关。

后来，就出现了这样的事——

2021 年 8 月 31 日，贵州茅台发布公告称，根据贵州省人民政府相关文件，推荐丁雄军为贵州茅台酒股份有限公司董事、董事长人选，建议高卫东不再担任公司董事长、董事职务。

这样，高卫东董事长的短暂任期结束了。

再后来，又出现了这样的事——

2022年5月13日，贵州省纪委省监委网站披露，高卫东涉嫌严重违纪违法，正接受贵州省纪委省监委纪律审查和监察调查。2022年12月14日，高卫东被开除党籍、开除公职。

看来，这位董事长确实不是能够带领贵州茅台进一步走向辉煌的合适人选。幸亏他任职时间并不长，没有对贵州茅台产生更大的影响，也幸亏社会公众股东的抗争才避免了当时该公司董事会的任性捐赠。

雅戈尔未实施的捐赠

我们在第1篇曾经谈到过雅戈尔的业务结构问题。现在再看一下雅戈尔此前的一次未实施的捐赠。

2022年5月18日，雅戈尔发布了《关于对外捐赠的公告》，主要内容为：

公司于2022年5月17日召开第十届董事会第二十二次会议、第十届监事会第十六次会议，审议通过了《关于对外捐赠的议案》。为进一步聚焦时尚产业建设，增强企业核心竞争力，公司拟退出健康产业，向宁波市人民政府捐赠普济医院及相关资产，并提请股东大会授权经营管理层办理相关事宜。拟捐赠资产预估价值13.6亿元（以决算为准），本次捐赠对公司2022年度净利润的影响预计为10.2亿元（以审计数据为准）。

本次对外捐赠事项尚需提交2022年第一次临时股东大会审议。

捐赠标的的基本情况 2018年5月24日，公司以7,509.64万元的价格竞得宁波市海曙区集士港镇 CX06-05-02g 地块的国有建设用地使用权，土地用途为医疗卫生用地，拟筹建三级甲等标准的大型综合医院，并以此为依托发展健康产业，实现地产板块的转型探索。2018 年 10 月，普济医院正式动工，已于近日完成验收。

截至公告日，普济医院及相关资产的账面价值为 10.74 亿元，尚须支付的合同金额为 2.86 亿元，预估价值为 13.6 亿元（以决算为准）。

本次对外捐赠的原因 近年，国内外经济形势不确定性加大，国家医疗体制改革纵深推进，且公司缺乏相关行业的运营团队和经验，若继续投入普济医院及相关资产，投入产出可能出现较大程度的失衡，不利于公司聚焦资金和精力发展主业。因此，公司决定在资源、资金、团队和管理上进一步聚焦主业，调整现有产业结构，拟将普济医院及相关资产捐赠给宁波市人民政府，具体捐赠方案提请股东大会授权公司经营管理层与宁波市人民政府商定落实。

本次对外捐赠对公司的影响 捐赠后，公司将加快产业结构调整，通过培育、合作、收购等方式拓宽时尚集团的版图，提升品牌影响力，确保公司稳定健康发展。

独立董事意见 独立董事认为：本次捐赠事项符合上市公司积极履行社会责任的要求，有利于提升公司社会形象，有利于进一步聚焦主业。本次捐赠事项符合《上海证券交易所股票上市规则》《公司章程》等规定，不存在损害公司及其他股东特别是中小股东利益的情形。综上，同意本次对外捐赠相关事宜。

关于上述公告，我当时注意到了这样几点：

第一，关于捐赠理由，公司说自己"缺乏相关行业的运营团队和经验，若继续投入普济医院及相关资产，投入产出可能出现较大程度的失衡，不利于公司聚焦资金和精力发展主业"。但实际情况是：公司在几年前（2018年5月）决定拿地、建设医院的时候就缺乏相关行业的运营团队和经验，在这几年的建设期内就不寻找和配备相应的团队吗？在公告日的时候，医院的建设并未完工，还要"继续投入普济医院及相关资产"2.86亿元。

第二，捐赠的另外一个理由是"进一步聚焦时尚产业"。照这么说，难道雅戈尔不聚焦时尚产业吗？

我们看一下雅戈尔2021年年度报告的业务结构（见表23-1）。

表23-1 雅戈尔主营业务分行业情况

金额单位：万元

分行业	营业收入	营业成本	毛利率（%）
品牌服装	593,826	154,193	74.03
地产开发	656,574	338,627	48.43

表23-1显示，在雅戈尔的营业收入构成中，地产开发的营业收入已经超过了品牌服装的规模。

回溯当年雅戈尔拿地建医院的举措，可能是企业希望在业务格局上形成时尚品牌、地产开发和医院的三主业格局。应该说这样的战略布局是无可指责的，关键是战略布局的可实施性。

试图捐赠这件事，应该意味着雅戈尔想放弃医院的业务了。

可以这样说：建医院是战略布局，捐医院是战略调整。都是战略。

第三，对于此次捐赠，独立董事的意见是："本次捐赠事项不存在损害公司及其他股东特别是中小股东利益的情形。"一次性捐赠出去10亿元以上的资产，还说不损害公司中小股东的利益，不知道这个账是怎么算的！

第四，处理不符合企业战略方向资产的手段有多种，不是只有捐赠。比如，将其整体出售出去，交由有"相关行业的运营团队和经验"的机构，或者整体作为物业出租出去，等等。这些非捐赠方式不一定能够让雅戈尔赚多少钱，但肯定比直接捐赠出去要损失少。

但恰恰企业想一捐了之。

有一点值得称赞，企业强调了"本次对外捐赠事项尚需提交2022年第一次临时股东大会审议"，比我们前面看到的当年不经股东大会审议就想捐赠出去的贵州茅台的管理规范多了。

后来呢？

几天后的2022年5月24日，雅戈尔发布《第十届董事会第二十三次会议决议公告》，公告中说："公司于2022年5月17日召开第十届董事会第二十二次会议，审议通过了《关于对外捐赠的议案》，详见公司董事会临2022-029《关于对外捐赠的公告》。""上述公告披露后，公司董事会、管理层听取了广大股东的意见，公司决定终止本次对外捐赠事项。"

应该说，雅戈尔董事会认真听取广大股东的意见，用一周时间迅速做出决定终止捐赠的做法值得称赞。

我为什么把雅戈尔的此次异常捐赠与风险联系在一起呢？

有下面这样一些思考。

第一，在战略的选择中出现反复，一般是缺乏战略定力的表现。我在前面讲了，建医院是战略布局，捐出医院是战略调整。显然，企业在有核心业务——品牌服装的情况下，借助于自己的财务资源投资地产开发业务的战略选择已经遇到了困难，至少在较长一段时间内没有达到预期战略目标——提升营业收入与营业利润。在前两个业务的战略布局难以达到企业战略预期的条件下，企业又开始筹建医院，准备开展相关业务。连续进行战略选择的效果并不理想，企业的战略管理能力有待提高。如果战略上持续出现问题，企业在财务上很难健康发展，甚至会陷入财务困境。

第二，决定战略的是治理机制，雅戈尔的治理机制有瑕疵。请注意，治理层至少包括了股东大会、董事会和监事会。在此次被终止的捐赠中，捐赠事项毫无阻力地获得了董事会和监事会的通过，只差最后一关——临时股大会就全部通过了。需要说明的是，此次捐赠如果是与大股东有关的关联交易，在临时股东大会上大股东回避表决的情况下，能否获得临时股东大会的通过还是问号。即使此次捐赠不构成与大股东有关的关联交易，大股东可以投票并最终在临时股东大会上得以通过，也会造成股东之间因此次捐赠的立场不同而出现一定程度的对立，从而导致治理上的混乱。

幸运的是，董事会及时终止了此次捐赠，避免了后续的麻烦。

> 治理机制和战略管理都有瑕疵的企业，如果不能有效改善，那么无论在战略的清晰度、业务的竞争力方面，还是在企业在资本市场上的价值方面，它都很难令广大股东满意。
>
> 再强调一下：决定企业发展根本方向的不是战略，而是治理。治理问题是最根本的问题，企业间的竞争归根到底是治理的竞争。

∎∎∎

本章讨论了异常捐赠行为与企业风险问题。

本章对异常捐赠所折射出的战略与治理问题进行了揭示：无论是贵州茅台的捐赠，还是雅戈尔的捐赠，折射出的问题都与治理有关。雅戈尔的捐赠还与公司战略有关。

　　相信通过本章的学习，你对异常捐赠与企业风险之间的关系有了新的认识。

　　留一个作业：追踪雅戈尔在2022年后财务状况的未来发展，重点关注那个医院的建设进程和在雅戈尔所发挥的作用。

第 24 章　企业前景展望

你所能看到的企业信息都是历史的，是过去发生的。

历史不能完全决定未来，但历史可以在一定程度上影响未来。

决定企业未来的，除了财务信息外，还有其他非财务信息。正是财务信息和非财务信息结合在一起决定了特定企业的未来。

与企业发展前景相关的非财务信息很多。从企业内部来看，包括企业的股权结构、治理状况、人力资源结构与能力、母子公司之间的管理体制、企业的人力资源政策、企业特定治理条件下的战略选择等；从企业外部来看，包括企业所处行业的竞争格局、国家和地方与企业相关的产业政策及税收政策、企业的竞争地位、企业经营活动所在地区的政治经济环境以及人文环境、与企业有关的资本市场状况等。

限于本书主题，下面主要讨论财务信息与企业发展前景的问题。

你可以从几个方面根据财务信息来预测企业的未来。

从营业收入结构的变化，看企业的未来

从预测未来的角度来看，企业的营业收入的来源可以分成三类：**继续经营的业务**（也就是过去有、未来还会有的业务）、**终止经营的业务**（也就是过去有、未来不会有的业务）以及**新增加的业务**。

在企业的发展过程中，企业原有的经营活动可能由于各种原因而终止。终止某些业务既可能是战略调整的结果，也可能是市场环境变化的结果。不管什么原因出现的某些经营活动终止，已有的历史数据（营业收入规模、盈亏状况等）都不会对未来产生影响。

2024年10月10日，华远地产股份有限公司（简称华远地产）发布《重大资产出售暨关联交易报告书（草案）》，称上市公司（即华远地产）拟将其持有的房地产开发业务相关资产及负债转让至华远集团。本次交易拟转让标的资产具体包括：1.上市公司持有的华远置业100%股权；2.截至评估基准日上市公司对华远置业及其子公司的应收款项；3.截至评估基准日上市公司应付债券以及应付款项等债务。

公告还说：根据中天华评估出具的《资产评估报告》（中天华资评报字［2024］第10806号），本次评估采用资产基础法对华远地产指定资产组市场价值进行评估。在评估基准日2024年4月30日，扣除在所有者权益中列示的永续债后，标的资产的评估价值为46,814.29万元。经交易双方协商本次标的资产转让价格暂定为46,814.29万元。

至于本次重组对上市公司主营业务的影响，公告指出：本次重组前，上市公司主营业务为房地产开发与销售、租赁，属于房地产行业。通过本次重组，上市公司拟将所持有房地产开发业务相关的资产负债置出，未来将聚焦于城市运营服务等能够实现稳健经营的业务发展方

向，包括但不限于酒店运营和物业管理等业务，实现向综合性城市运营服务商的战略转型。为更好地应对市场变化，实现公司向综合性城市运营服务商的战略转型，公司后续拟统筹相关资源，继续做大做强酒店运营、物业管理等现有业务。此外，公司亦将在控股股东华远集团的大力支持下，充分利用品牌及声誉优势，加强业务协作，并择机通过业务及资产整合等方式置入综合性城市运营服务相关优质协同资产，持续提升公司资产质量，强化可持续经营能力和盈利能力，推动公司高质量发展。

华远地产的上述公告意味着，公告中的方案一旦实施，华远地产未来将不再有房地产开发业务，而是聚焦于城市运营服务业务。这样，未来的利润表无论是营业收入的结构、规模还是营业成本、销售费用、管理费用、研发费用等方面的构成都可能发生变化，与华远地产此前整体营业收入之间就没有可比性了。

企业新增加的业务，既可以是企业设立新的企业、开展经营活动的结果，也可能是并购的结果。

这就是说，华远地产可能实施新的并购，利用并购标的（将形成华远地产未来新增加的营业收入）来推进利润表业务规模和盈利能力的"升级"。

我在本书的第1篇曾经给你展示过美的集团业务结构在2016年至2017年间新增加的业务类别就属于通过并购来增加新业务的情形：在2017年，机器人及自动化系统业务横空出世，在改变业务结构的同时，还支撑了企业营业收入的增长。

各种原因导致的新增营业收入都可能对企业未来产生长期性影响。

企业继续经营的业务与新增加的业务一起，构成了企业未来发展的业务基础。

发展战略选择与财务可持续：并购或内生发展

1. 并购与财务可持续

在发展过程中，很多企业都把营业收入的年度规模作为重要的战略目标。

正如我在前面谈到的，为了实现特定规模的营业收入，企业可以从两个方面入手：一是通过设立新的企业来增加营业收入，二是通过并购来增加新的营业收入。

从企业的现实选择来看，在融资条件允许的时候，并购往往是快速实现营业收入增加的首选手段。

但是，并购不可避免地会导致高商誉、高无形资产评估增值以及并购后子公司与母公司战略协同性较差的问题。被并购企业在承诺期内向收购方贡献所承诺的营业收入以及所承诺的利润后，极有可能在承诺期满后出现从营业收入到利润等大幅度下滑的问题，从而并不能按照收购方的预期持续发展。

因此，与并购相关的业务能否持续发展、持续贡献财务业绩，相关的商誉与无形资产评估增值是否会出现减值，将在很大程度上影响企业的未来发展。

本书前面讨论并购的时候，提到的很多案例都涉及这方面的问题，在这里就不再用新的案例进行讨论了。

2. 营销驱动、研发驱动与财务可持续

企业利润表里面的销售费用和研发费用经常会形成企业业务发展的两个驱动因素。

一些企业的广告支出会占销售费用的较大比重。在产品质量差不多的条件下，善于打广告的产品会获得较高的知名度，其产品的营业收入就可能更好。有的企业靠概念和营销打天下，也会获得一定时期的营业收入的增长。

请相信，完全靠广告打市场、产品质量不高的企业是走不远的。但在短时间内，广告还是可以让企业的营业收入达到一定规模的。

强调一下，即使企业的产品质量不错，广告支出与营业收入的关系也不是线性关系：在营销上如果用力过猛，支出规模过大，结果可能是营销成功而企业失败。

多年前，某电视台晚上七点半的广告强度是5秒钟一个企业或者产品，很多企业都希望能够在这里发布5秒钟的广告。电视台每年都采用竞标的方式让企业参与，每年都会出现标王并在最好的时间点为其发布广告。但几年后人们发现，一些标王因广告代价太大、市场规模跟不上而陷入严重亏损，最终导致企业破产清算。

因此，营销费用的支出应与企业的市场规模、竞争地位以及财务可持续，系统地结合在一起。过度营销的企业很难走太远。

有的企业需要研发来支撑产品换代。在需要研发来支撑产品换代的条件下，研发的质量与企业产品的盈利能力就高度相关了。

我在格力电器担任独立董事期间（2002年7月至2008年6月），曾经向格力电器的相关人员了解公司研发费用的管理问题。

我问："格力电器的研发费用是按照营业收入的一定百分比计提吗？"

答："不是。我们不是按照营业收入的一定百分比安排预算，而是按照需求来安排预算。也就是说，研发方面需要多少，我们就安排多少。"

我又问："研发费用占营业收入的比重大概是多少？"

答:"大概占营业收入的 5% ~ 8%。"

格力电器这样的研发费用管理策略,保证了企业产品质量和技术含量始终处于行业的前列。

但是,如果研发支出过大,就可能使得企业的财务业绩吃不消。在这种情况下,研发所需的资金可能就不是营业收入带来的现金所能够支撑的了,此时就需要筹资来支撑了。

下面我们看一下上市公司百济神州 2021 年至 2023 年的利润表和现金流量表的部分数据(见表 24-1)。

表 24-1 百济神州相关财报数据

单位:千元

报表类型	2023 年 合并报表	2022 年 合并报表	2021 年 合并报表
利润表相关数据:			
营业收入	17,423,344	9,566,409	7,588,957
营业成本	2,689,083	1,895,626	1,061,297
税金及附加	71,277	78,699	54,444
销售费用	7,304,458	5,997,092	4,451,523
管理费用	3,471,672	2,695,406	2,080,513
研发费用	12,813,453	11,152,086	9,538,418
财务费用	196,742	1,309,000	204,456
其中:利息费用	51,150	167,496	208,154
利息收入	329,942	416,714	44,098
加:其他收益	230,785	240,520	131,915
投资净收益	167,430	63,820	32,280
公允价值变动净收益	−50,727	−161,462	60,552
资产减值损失	−21,683	−7,671	

（续）

报表类型	2023 年 合并报表	2022 年 合并报表	2021 年 合并报表
信用减值损失	−13,181	1,387	−1,875
资产处置收益	461	−295	−685
营业利润	−8,810,256	−13,425,201	−9,579,507
加：营业外收入	2,603,628	181	23
减：营业外支出	1,645	1,943	4
利润总额	−6,208,273	−13,426,963	−9,579,488
减：所得税	507,586	215,078	168,185
净利润	−6,715,859	−13,642,041	−9,747,673
现金流量表相关数据：			
经营活动产生的现金流量净额	−7,793,254	−7,799,707	−8,284,748
购建固定资产、无形资产和其他长期资产支付的现金	4,106,020	2,334,652	2,256,315
吸收投资收到的现金	368,491	335,055	22,582,634
其中：子公司吸收少数股东投资收到的现金			
取得借款收到的现金	4,845,440	2,444,332	2,702,153
偿还债务支付的现金	2,317,659	2,874,325	2,043,227
分配股利、利润或偿付利息支付的现金	141,447	163,903	192,448

百济神州的财报数据显示，企业的营业收入成长性很好，初始盈利能力（毛利率）较强，虽然企业的销售费用、管理费用的规模比较高，但在 2023 年，在不考虑研发费用的情况下，经营活动还是贡献了不错的利润。

但企业激进的研发策略使得企业营业收入的努力付之东流：企业

的研发费用支出规模在2023年以前是大于营业收入规模的,这样的支出规模,即使营业收入的毛利率再高,销售费用和管理费用都是零,也不可能有正的核心利润。

在2023年,虽然企业的营业收入已经远远大于研发费用了,但在减掉研发费用后,企业的核心利润就变成负数了。

显然,这样的研发支出很可能与企业当前市场规模和财务业绩无关,而是与企业未来的营业收入及盈利能力有关。

问题是:企业在核心利润、营业利润因激进的研发支出而严重亏损,经营活动产生的现金流量净额出现严重亏空的同时,还在不断强化固定资产和无形资产建设,每年的相关支出达到20亿~40亿元。这些钱都是从哪里来的?

从现金流量表的相关数据来看,企业借到了一些款项,但这些借款不足以支持企业激进的研发与固定资产建设所需的资金。

经营活动不能赚钱,投资活动还需要钱,借钱的规模又不大,只能依靠股东入资了。

企业在2021年确实通过发行股票募集资金226亿元。当然,在2021年以前企业也曾通过发行股票募集资金。

这就是说,支撑企业研发与固定资产投资支出的现金历史性地落在了股东头上。

如果股东不能持续支持企业的激进研发和固定资产、无形资产建设,且企业不能在将研发转化成可以形成有较大市场规模和盈利能力较强的产品上实现快速突破,就可能要借用我们经常评论某国家队在比赛中的表现时说的话:留给他们的时间不多了。

当然,即使企业激进的研发策略不能在短时间内转化成可以形成有较大市场规模和盈利能力较强的产品,只要股东持续不断加强对企业的入资支持，企业的财务持续性就不会有问题，但企业可能变成一个靠股东输血而活着的组织。

对于百济神州而言，最好的情形是：企业在不远的将来的某个时间点，早期的高研发形成有较大市场规模和盈利能力较强的产品（或产品系列），并能够持续为企业贡献营业收入与核心利润。如果是那样，百济神州将可能进入良性发展的轨道。

时间将会给出答案。

通过融资进行并购

企业还可以通过融资并购来解决企业发展问题。

请注意，我在前面讨论并购的时候，并没有谈融资并购问题。当企业现有资源不足以完成对其他企业的并购，而企业又想进行某种并购的时候，通过融资进行并购就成了企业的一个必然选择。

1. 债务融资推动的企业并购

当企业通过债务融资获得资金来推动收购的时候，企业发展的前景既取决于债务融资的条件（包括融资期限、融资成本等），也取决于被收购企业的内在质量——持续贡献收购方预期的财务业绩的能力。

假设企业用于推动并购的负债是长期的（如永续债等），即使不考虑债务本金的清偿问题，在财务关系上，被收购企业的投资回报也应该高于企业的债务融资成本。如果被收购企业在被收购后释放的净资产收益低于企业用于收购的债务融资成本，则收购就不会给企业带来财务上的投资回报。

当然，如果企业的收购是必须要做的，是不惜一切代价要做的，则这种收购本来就不是为了提升收购方的财务绩效而进行的。此时收购方的目的可能更加宏大——即使损失财务收益，也要完成收购。对这种情形的收购再计算财务收益就没必要了，只要收购方认为符合战略需要就可以了。

2. 股权融资推动的企业并购

在通过股权融资推动企业并购的过程中，收购方将通过增发股份来获得被收购企业的控制权。在这种情况下，企业发展的前景既取决于收购方融资后股权结构以及治理机制的调整（包括实际控制人变更、董事长及董事会的改组以及核心管理团队的调整等），也取决于被收购企业的内在质量——被收购企业治理发生变化后向收购方持续贡献所预期的财务业绩的能力。

如果企业足够幸运，增发的股份不足以对收购方的股权结构和公司治理产生重大影响，董事会不用做任何调整，企业核心管理团队不用做任何调整，则收购方的发展就会继续按照原有股权结构下设立的目标前进；如果增发的股份对收购方的股权结构和公司治理产生了重大影响，董事会随即做出调整，董事长与企业核心管理团队及技术骨干都要进行调整，则收购方的发展战略就可能出现重大变化，企业大概率不会继续按照原有股权结构下设立的发展目标前进了。

至于被收购企业持续释放业绩的问题，由于被收购企业一般要进行控制权变更后的董事会人事调整以及核心管理成员和技术骨干的调整，因而被收购企业的发展前景就具有了一定程度的不确定性。即使被收购方由于各种原因而不进行治理机制的调整，被收购企业也在很大程度上不会按照原有的惯性继续发展了——控制权发生变化的企业的行为不可避免会发生变化，其营商环境也可能会发生重大变化。

在两年前的中国资本市场上发生了这样一件事。某上市公司以发行股票的方式收购了一家企业。由于被收购企业在被收购过程中估值较高，被收购企业的董事长在收购完成后变成了上市公司的第一大股东，被收购企业的董事长也就成了上市公司（收购方）的新董事长。该上市公司的原第一大股东退居第二大股东的位置，且不再担任董事长。

被收购企业的原董事长之所以成为收购方的第一大股东、新的董事长，就在于其企业在被收购过程中做出的业绩承诺相当诱人。由于被收购企业的董事长成了上市公司（收购方）的新董事长，因而在收购完成后被收购企业的治理机制没有什么变化。

但是，被收购企业实在不争气，收购完成后，先前承诺的业绩目标远远没有达到，新的董事长也没有相应的个人资产或其他资产来进行业绩补偿。上市公司因陷入新董事长与老董事长的争执之中而风雨飘摇。

我想强调的是：融资并购可以在短时间内实现，也可以在一定时间内为收购方贡献财务业绩，但是，融资并购后收购方能否依靠收购来的业绩维持其持续发展，还需要持续观察。

本章讨论了通过财报数据看企业前景的问题。

强调一下：利用财报数据预测企业的未来，重点关注的不是企业历史的财报数据，而应该重点关注对企业未来发展有影响的业务结构及其发展、业务增长的可能手段以及并购对企业发展前景的影响等方面。

相信通过本章的学习，你对利用财报数据预测企业前景的问题有了更多认识。

留一个作业：追踪百济神州在 2023 年后财务状况的未来发展，重点关注企业研发费用与营业收入之间的对应关系以及企业核心利润规模的变化。

到这里本书的内容就全部结束了。

本书选取我认为看企业财报最重要的几个专题（战略分析、竞争力分析、价值分析以及前景分析）进行讨论，目的就是一个：通过抓住企业财报信息中的重点内容，看企业的价值和前景。

如果你认真学习了本书，你可能体会到：原来财报数据中包含了这么多的信息！

但你可能仍然觉得自己在面对特定企业财报信息的时候缺乏自信——自己可以做分析，但不敢下结论。

解决这个问题的办法只有一个：多找几个企业过往的财报进行分析，通过对比你分析得出的结论与企业发展之间的差异来验证自己分析的正确性（如你用某企业 2023 年的财报进行分析，然后对比企业在 2024 年及以后的财报信息，验证自己的分析）。

如果这样做还缺乏信心，我建议你去读一下我的其他书，或看一下我的视频课程。假以时日，你的财报分析能力一定会得到显著提升！

财报分析能力的提升将助你在职场上、人才培养的课堂上以及资本市场的运作上信心大增！